本书获中蒙俄经济走廊研究协同创新中心 2023 年研究项目（项目编号：ZMEY202333；项目编号：ZMEY202313）资助

# 新粮食安全观视角下中俄农产品贸易潜力及农业产业链构建研究

姜海燕　杨文兰　侯淑霞　张慧莹　著

中国商务出版社

·北京·

## 图书在版编目（CIP）数据

新粮食安全观视角下中俄农产品贸易潜力及农业产业
链构建研究 / 姜海燕等著 . — 北京：中国商务出版社，
2023.11

ISBN 978-7-5103-4991-1

Ⅰ . ①新… Ⅱ . ①姜… Ⅲ . ①农产品贸易—国际贸易
—研究—中国、俄罗斯 Ⅳ . ① F752.652 ② F755.126.52

中国国家版本馆 CIP 数据核字 (2023) 第 250118 号

# 新粮食安全观视角下中俄农产品贸易潜力及农业产业链构建研究
XIN LIANGSHI ANQUANGUAN SHIJIAO XIA ZHONG-E NONGCHANPIN MAOYI QIANLI JI NONGYE
CHANYELIAN GOUJIAN YANJIU

姜海燕　杨文兰　侯淑霞　张慧莹　著

出　　　版：中国商务出版社
地　　　址：北京市东城区安外东后巷 28 号　　邮　编：100710
责任部门：教育事业部（010-64255862　cctpswb@163.com）
策划编辑：刘文捷
责任编辑：谢　宇
直销客服：010-64255862
总 发 行：中国商务出版社发行部（010-64208388　64515150）
网购零售：中国商务出版社淘宝店（010-64286917）
网　　　址：http://www.cctpress.com
网　　　店：https://shop595663922.taobao.com
邮　　　箱：cctp@cctpress.com
排　　　版：德州华朔广告有限公司
印　　　刷：北京建宏印刷有限公司
开　　　本：787 毫米 × 1092 毫米　1/16
印　　　张：10　　　　　　　　　　字　数：179 千字
版　　　次：2023 年 11 月第 1 版　　印　次：2023 年 11 月第 1 次印刷
书　　　号：ISBN 978-7-5103-4991-1
定　　　价：48.00 元

# 前　言

粮食是国家安全的物质基础，事关国运民生。新冠疫情叠加乌克兰危机，引起全球能源、化肥、粮食等重要的大宗商品价格飙升，使全球粮食安全问题再次升级，成为全球关注的焦点问题。中国作为世界人口最多的国家之一，人多地少是现实情况。为保障粮食安全，除了"藏粮于地、藏粮于技"等措施外，找到安全可靠的农业合作伙伴，采取恰当的合作方式，实现"储粮于友"也不失为一种缓解粮食安全危机的好方法。而俄罗斯无论是从要素禀赋、自然条件，还是从两国地缘关系来看，均是中国最好的选择。近年来，中俄两国政府非常重视两国农业领域的产业合作，并于2019年6月共同签署了《关于深化中俄大豆合作的发展规划》，就扩大大豆贸易、深化全产业链合作达成重要共识，为缓解中国粮食结构性短缺提供了安全保障。随着共建"一带一路"倡议的不断深入及中蒙俄经济走廊建设的持续推进，特别是在当前乌克兰危机不断升级的背景下，中俄两国利用农业领域的互补性，深入挖掘中俄农产品贸易潜力，改善农产品贸易结构，构建农业合作产业链，对共同应对危机、保障国家粮食安全具有重要的现实意义。

本书在回顾中国与俄罗斯农业合作发展历程的基础上，以比较优势理论、产业内贸易理论、区域经济一体化理论等为依据，通过出口绩效相对指数、显性比较优势指数、贸易专业化指数等一系列指标测算，全面评估中俄两国农业产业耦合度，以期为中俄农产品贸易和产业链构建提供支撑；从贸易规模、结构、投资及产业链等角度厘清中俄农业合作现状和存在的问题，结合当前新形势分析中俄农业合作的新机遇和新挑战，以期加深对中俄农业合作的全面认识；从进口和出口两个角度，利用随机前沿引力模型分析出农业用地面积、农业增加值、班轮运输指数与参与共建"一带一路"合作是中国从俄罗斯进口贸易的主要影响因素，农业用地面积、农业增加值、班轮运输指数及中国贸易自由度是中国对俄罗斯出口贸易的主要影响因素；利用随机前沿引力模型对贸易非效率进行测算，探究中俄农产品贸易效率与实际贸易额的差异性，研判中俄农产品和分类农产品贸易的潜力；并据此，在广度和深度两个层面上提出构建中俄农业"纵链+横链"方略，共同应对国际粮食安全风险；最后，提出新粮食安全观视角下深化中俄农产品贸易和农业产业链建设的对策建议，以期为推进区域一体化建设、保障国家粮食安全提供切实可行的决策参考。

在本书编写过程中，张晨旭、徐慧晴、云子航、陈骞参与了资料的收集与整理及文字校对工作，中国商务出版社的编辑对本书的编写和出版给予了帮助和支持，在此表示衷心的感谢！由于时间仓促，加之作者水平有限，书中的错误和疏漏在所难免，敬请广大读者批评指正。

作　者
2023 年 10 月

# 目 录

# 1

## 绪 论

# 1.1 研究背景与研究意义

## 1.1.1 研究背景

持续三年的新冠疫情与乌克兰危机交织，冲击着世界粮食安全，在逆全球化仍难纾解，世界经济呈现低增长、高通胀的态势下，全球农产品价格出现波动，局部地区农产品供给不平衡问题凸显，大国之间围绕粮食问题展开的地缘政治博弈和贸易摩擦日趋增多，各国保障区域性和本国粮食安全的需求不断上升。已形成净进口格局的中国农产品供给体系，亟须加快推进"重要农产品国际合作，健全农产品进口管理机制，推动进口来源多元化"，"强化国家经济安全保障"。中俄作为全球粮农治理体系和世界农产品贸易体系中重要的参与者，应充分利用现有的双边和多边合作机制，加强农产品安全领域的合作，不断提升两国农业合作水平。

2019年是中俄建交70周年，中国与俄罗斯发展为新时代全面战略协作伙伴关系，两国关系焕发出新的生机活力，特别是中国与俄罗斯作为平等稳定的贸易伙伴，加强双方贸易合作及贸易潜力挖掘有利于双方外贸的平稳运行。2022年中俄双边贸易额达到创纪录的1 902.71亿美元，同比增长29.3%，中俄双边贸易额大幅提升，中国连续13年稳居俄罗斯第一大贸易伙伴国，经贸合作提质升级，能源、投资、互联互通等领域合作取得新成果，合作深度、广度不断拓展。在农产品合作领域，2022年中俄农产品贸易额与2021年相比增长41.8%，达70.34亿美元。同时，中俄农副产品贸易种类不断增加。俄罗斯的面粉、牛肉、冰激凌等广受中国消费者青睐。据俄罗斯农业部统计，俄罗斯农工综合体产品对中国的出口潜力估计为60亿至100亿美元，发展前景良好[①]。

目前，中国农产品进口来源地高度集中，中国非主粮的谷物进口主要来源地集中在美国、加拿大、法国、巴西、乌克兰和澳大利亚等国，受极端天气、自然灾害、全球公共卫生事件以及地缘政治不稳定等因素影响逐渐增大，亟待做出调整与应对。在如今中美贸易摩擦不断、国际农产品贸易形势严峻，贸易冲突日益加剧的

---

① 中俄经贸合作广度深度不断拓展（专家解读）[EB/OL].（2023-04-03）. http://world.people.com.cn/n1/2023/0403/c1002-32656601.html.

大背景下，促进农产品贸易渠道多元化将有助于改善我国的农产品贸易环境，进一步保障粮食安全。同时，受西方制裁影响，作为农产品净出口大国的俄罗斯不得不重新定位农产品的国际出口市场，中国成为俄罗斯农产品出口和开展农业国际合作的优先方向。今后，随着俄罗斯战略重心的东移，其农业国际合作的重点也逐步转向亚洲市场，而中国作为全球最大的食品进口国，俄罗斯高质量农产品在中国市场有较大的增长空间。但当前，中国与俄罗斯的农产品贸易规模远落后于中国与世界其他大国的农产品贸易规模，与两国经济体量极不相配，且两国在农业领域的合作并不深入。因而，深入挖掘中国与俄罗斯农产品贸易潜力、构建跨境农业合作供应链，对于保障国家粮食安全具有重要的现实意义。

### 1.1.2 研究意义

#### 1.1.2.1 理论意义

首先，有助于充实并深化农产品贸易理论。本研究对影响中俄农产品贸易的影响因素进行补充性挖掘；并从出口和进口两个视角，对农产品贸易影响因素进行实证检验，判明各影响因素的作用强度，这在一定程度上充实了农产品贸易理论，为科学判断各个影响因素对农产品贸易的影响程度提供理论依据，为促进中俄农产品贸易健康发展提供更全面准确的理论支撑。同时，本研究基于中俄农产品贸易影响因素的实证研究，从总体和分类别角度分别测算中俄农产品贸易潜力，这为辨明中俄农产品贸易潜力，实现中国与俄罗斯两国农产品贸易优势互补提供理论依据，有利于促进中俄农产品贸易发展，有助于丰富和深化农产品贸易理论。

其次，有助于丰富并完善产业链理论。虽然产业链研究已有200多年的历史，但对中俄农业产业链构建尚属首次。因此，在新粮食安全观视角下，构建中俄农业产业链，不仅有助于稳定中俄两国农产品市场，也有效弥补了跨国产业链研究的不足。本研究突破了以往研究的视角及地域范围，探究跨国农业产业合作的发展规律，形成具有现实意义的跨国产业链。通过"链"将不同国家的统一产业内的相关环节串联起来，形成一个横跨两国的共同经济发展空间，这是对产业链理论的完善与发展。

#### 1.1.2.2 现实意义

首先，有利于深入挖掘中国与俄罗斯贸易潜力，发挥中国与俄罗斯农产品贸易规模效应。农产品的集中生产与大量贸易能够使贸易双方获得规模效益，研究中国与俄罗斯农产品贸易影响因素及潜力，改善双边农产品贸易存在的问题，有利于使中国与俄罗斯在农产品贸易中实现规模经济优势。

其次，有利于缓解农产品贸易压力，保障国家粮食安全。中国与西方国家贸易摩擦制约了中国农业对外开放进程，也对中国农产品进口供应造成威胁。中国是世界第一粮食进口大国，俄罗斯作为重要的粮食出口大国，研究中国与俄罗斯农产品贸易影响因素及潜力，共建农业产业链，有利于保障国家农产品供应，缓解中国在国际社会的农产品供应压力，保障国家粮食安全。

最后，有利于深化中国与俄罗斯之间的贸易关系，推进中蒙俄经济走廊建设深入发展。贸易是"流"，产业是"源"，只有深入产业层面，才能稳定两国的经贸发展，特别是对于关系国计民生的农业更是如此。研究中国与俄罗斯两国农产品贸易的影响因素及潜力，建立农业全产业链合作，形成利益共同体，实现粮食市场的多元化，降低市场过度集中带来的新风险，发挥农产品贸易在中国与俄罗斯双边贸易中的带动作用，有利于在新粮食安全观视角下，推动中国与俄罗斯农产品贸易的发展，从而深化中国与俄罗斯贸易合作，不断推进中蒙俄经济走廊建设发展。

# 1.2  文献综述

## 1.2.1  中俄贸易的相关研究

目前学者关于中国与俄罗斯贸易研究重点集中在以下几个方面，分别是中俄贸易结构、中俄贸易竞争性与互补性及中俄贸易潜力。下面将主要阐述中俄贸易结构和中俄贸易竞争性与互补性的相关研究文献，关于中俄贸易潜力的研究将在后文展开。

### 1.2.1.1  关于中俄贸易结构的研究

国内外学者从多个贸易维度对中国与俄罗斯贸易结构进行研究。Paik[1]（1996）提出能源合作对于中国与俄罗斯两国贸易的重要性。侯敏跃和韩冬涛[2]（2012）从能源结构的角度对中国与俄罗斯石油、天然气的贸易合理性、可行性和有效性三个维度进行研究。徐坡岭、贾春梅、徐纪圆[3]（2014）研究认为中国与俄罗斯之间的贸易合作主要集中在低技术领域且贸易方式单一，中国与俄罗斯之间贸易结构出现固化特征。Yang[4]（2016）分析区位分布对中国对俄罗斯出口贸易的影响时，发现采用多式联运的运输方法可以降低贸易运输成本，扩大出口贸易规模。因此，为提升中国与俄罗斯农业合作，必须完善物流运输、科学测度边境运输规划。张鑫[5]（2017）运用贸易指数证明中国与俄罗斯林业贸易在双边贸易中地位逐年增加。齐绍洲和付泽希[6]（2017）基于全球价值链视角研究得出中国对俄罗斯主要出口知识密集型产品，俄罗斯对中国主要出口资源密集型产品。Li Z、Li J、Yang Y[7]（2018）根据赫芬达尔—赫希曼指数对中国与俄罗斯天然气贸易结构进行分析，科学评估中国与俄罗斯天然气合作受不同因素影响的中国与俄罗斯天然气结构和形势，得出中国从俄罗斯进口天然气的进口量正逐年上升。刘智鑫[8]（2019）分析2012—2017年中国与俄罗斯两国贸易结构得出：中国对俄罗斯的出口产品种类较多，机电制品始终是近几年中国对俄罗斯出口额最多的产品，俄罗斯对中国的出口类别则比较单一，主要集中在矿产，木材及木制品。Feng[9]（2020）研究得出新冠疫情下中国与俄罗斯两国贸易结构稳定，以能源机械和电力为主导的贸易额逐年增加，双方贸易潜力巨大。

### 1.2.1.2 关于中俄贸易竞争性与互补性的研究

国内外学者对中国与俄罗斯贸易竞争性与互补性研究大多采用贸易指数的方法。Yu和Wang[10]（1999）从中国与俄罗斯双方可充分利用两国地理、边界等因素，加强在政治、军事、经济、科技、文化等领域的全面合作等方面进行分析，认为中国与俄罗斯两国在农产品资源等方面具有很强的互补性。邝艳湘[11]（2011）对进出口比率、产业内贸易指数与显性比较优势指数进行实证分析得到，中国与俄罗斯总体上的贸易具有互补性；但不同行业产品贸易互补性和竞争性各有不同。徐坡岭、贾春梅、徐纪圆[12]（2014）通过RCA指数分析中国与俄罗斯两国贸易的竞争性与互补性，发现中国在电气和光学设备产品等方面竞争力明显加强，但是纺织品、皮革和制鞋等行业存在竞争力逐渐下降的趋势，而俄罗斯在木材、造纸、纸制品、化学和非金属矿产品等方面具备竞争力；两国间行业具备互补性为两国间贸易往来提供了空间。佟光霁和石磊[13]（2016）利用RCA指数和TCI指数研究得出中国农产品总体竞争性下降，俄罗斯农产品总体竞争性上升并逐渐超过中国；中国的水产品、园艺产品竞争性较强，俄罗斯的水产品竞争性较强；中俄两国农产品贸易互补性较强。杨杰[14]（2019）亦得出相同的研究结论，通过测算中国与金砖国家TCI指数，得出中国与俄罗斯贸易互补性较强。刘智鑫（2019）通过贸易竞争力指数与产业内

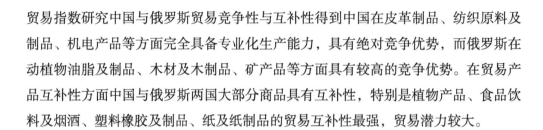

贸易指数研究中国与俄罗斯贸易竞争性与互补性得到中国在皮革制品、纺织原料及制品、机电产品等方面完全具备专业化生产能力，具有绝对竞争优势，而俄罗斯在动植物油脂及制品、木材及木制品、矿产品等方面具有较高的竞争优势。在贸易产品互补性方面中国与俄罗斯两国大部分商品具有互补性，特别是植物产品、食品饮料及烟酒、塑料橡胶及制品、纸及纸制品的贸易互补性最强，贸易潜力较大。

### 1.2.2 中俄农产品贸易的相关研究

目前，学者对于中俄农产品贸易的研究主要集中在：中俄农产品贸易现状及目前存在的问题、中俄农产品贸易关系及贸易方式和中俄农产品贸易影响因素及贸易潜力研究三个方面，其中关于中俄农产品贸易影响因素及贸易潜力的研究会在后文展开详细描述。

#### 1.2.2.1 中俄农产品贸易现状及问题研究

在目前现有研究中，多数学者认为中国与俄罗斯农产品贸易潜力巨大，但两国贸易结构集中且单一、贸易规模较小。李根丽、魏凤[15]（2017）通过计算得出，中国与俄罗斯农产品贸易规模不断上升，但两国农产品存在双边贸易地位不等、与两国经济总量不匹配及贸易结构较为单一等问题。张宁宁、钟钰[16]（2017）与白雪冰（2021）研究结论一致，两国贸易结构较为单一，即中国对俄罗斯主要出口农产品为水果蔬菜及水产品，俄罗斯对中国出口的主要农产品为水产品，两国今后农产品贸易方向需要促进贸易种类多元化，可以在优势互补的农产品贸易加大合作。佟光霁和石磊[17]（2017）指出，中俄两国在世界农产品贸易中地位较高，两国农产品贸易依存度不断扩大，今后中俄两国农产品贸易合作也会不断深入。乔榛和郑岩[18]（2021）指出目前中国与俄罗斯农产品贸易面临着农产品贸易结构不合理的问题，且两国农产品交易规模与两国贸易总量极不相配，其最大的影响因素是贸易不便利带来的贸易成本上升。

#### 1.2.2.2 中俄农产品贸易关系及贸易方式研究

对于中国与俄罗斯农产品贸易关系的研究，主要包括竞争性和互补性两个方面。多数学者认为，中国对俄罗斯农产品整体竞争性不断下降且已低于俄罗斯农产品总体竞争性；但对于互补性的研究各有不同；对于贸易方式的研究，产业内贸易为多数学者的研究结果。吴学君（2010）将产业内贸易进行分类，研究发现中国对俄罗斯产业内贸易形式主要是垂直型产业内贸易。滕晓磊（2012）认为随着俄罗斯农业的发展，中国对俄罗斯农产品贸易互补性指数呈现不断降低的趋势。龚新蜀、刘宁（2015）、杨奕（2015）有一致结论，使用贸易指数研究中俄农产品产业内贸易水平，发现由于农业资源和劳动力要素的成本差异，导致中俄之间发生产业内贸易。李根丽、魏凤[15]（2017）指出中国与俄罗斯在多种农产品中贸易互补性较强，但贸易互补性呈现降低趋势。佟光霁和石磊[17]（2017）运用各类贸易指数分析中国与俄罗斯农产品贸易，发现农产品类别的贸易方式还多以产业间贸易为主导。张国梅和宗义湘[19]（2018）在研究中国与金砖国家农产品产业内贸易时，运用产业内贸易指数（G-L）的方法发现中国与俄罗斯农产品贸易是以产业间贸易为主。许晓冬和刘金晶[20]（2021）应用产品互补性指数（CI）测算中国与俄罗斯果蔬产品互补性，研究得出中国与俄罗斯互补程度存在上升态势。

### 1.2.3　中俄贸易潜力的相关研究

贸易潜力一直是中俄贸易、中俄农产品贸易研究中关注的重点领域。研究贸易潜力离不开对影响因素的分析，两者密切相关。

#### 1.2.3.1　中俄贸易影响因素及潜力研究

关于中国与俄罗斯贸易的影响因素研究，张英[22]（2012）将中国与俄罗斯贸易影响因素总结为中国与俄罗斯两国人均GDP、两国关税、是否为上海合作组织成员、两国是否为APEC成员等，运用引力模型证实了区域制度安排对于中国与俄罗斯贸易发展有积极的促进作用，而两国之间的关税水平则对中国与俄罗斯双边贸易规模有制约作用。郝宇彪[23]（2013）在前人研究的基础上，加入FDI这一指标，研究得出样本国的FDI、贸易依存度对中俄边境贸易的影响较强，而地理距离以及人均GDP则对中俄边境贸易有消极影响。Ishchukova和Smutka[24]（2014）运用贸易指数的方法将俄罗斯与主要贸易伙伴之间产业内贸易影响因素归为政府政策、关税和配额率的波动、进口限制等，通过比较发现中国与俄罗斯之间的产业内贸易潜力较高，且国家间的一体化进程会对农产品贸易有积极作用。Song和Zhu[25]（2015）通过地理探测方法对边境城市化程度进行测量，得出中俄贸易规模的增长程度在于中国与俄罗斯接壤的边境城市的发展程度。万永坤[26]（2017）在研究中国与俄罗斯贸易发展时引入卢布汇率及开放度水平等要素，利用贸易指数与随机前沿引力模型研究得出卢布汇率贬值对中国与俄罗斯贸易合作产生了负面影响，俄罗斯GDP水平的不断提高则有利于两国开展贸易交往。刘用明、朱源秋、吕一清[27]（2018）研究中国与俄罗斯双边贸易潜力时将贸易影响因素归结为经济水平、人口、贸易依存度、空间距离等，最后研究得出经济水平、人口及贸易依存度对双边贸易有积极作用。刘业欣和李丽[28]（2018）应用拓展的引力模型研究中国与俄罗斯货物影响因素及潜力，研究得出：经济发展水平、签署自贸协定对贸易有正向作用，劳动力数量、货币汇率及关税等因素对双边贸易有负向作用。

关于中国与俄罗斯贸易潜力的研究，刘威和丁一兵[29]（2016）结合贸易结合度指数和出口集中度指数引入引力方程计算得出，中国与俄罗斯两国贸易潜力有待进一步挖掘，仍有扩大的空间。万永坤（2017）应用随机前沿引力模型的方法，通过对2005—2014年中国与俄罗斯贸易数据研究得出，中国与俄罗斯贸易潜力较小，且存在贸易合作的结构性失调问题。徐坡岭和那振芳[30]（2018）以文献综述的形式对提出为何中国与俄罗斯贸易潜力经过20年发展还没有转化为现实的贸易增长，提出中国与俄罗斯贸易合作新的方向，要深化战略合作，提高技术创新，进一步扩大双边投资领域。吴国春、周靓月、田刚等[31]（2018）利用引力模型测算中国对俄罗斯出口木制产品潜力，研究得到中国对俄罗斯木制产品出口有待提高，出口潜力较大。刘用明、朱源秋、吕一清（2018）利用随机前沿引力模型对中国对俄罗斯出口贸易潜力进行测算，得到进出口潜力持续扩大。李艳华[32]（2019）利用随机前沿引力模型实证得到中国与俄罗斯之间的空间距离对中蒙俄经济走廊的贸易具有阻碍作用；而国家自身的贸易依存度对于中蒙俄经济走廊国家间贸易有明显正向促进作用。田刚、杨光、吴天博等[33]（2021）应用显性比较优势指数、标准显性比较优势指数分析中国与俄罗斯之间木质林产品贸易关系，实证分析得出中国与俄罗斯木制产品贸易潜力呈现上升趋势。

### 1.2.3.2 中俄农产品贸易影响因素及贸易潜力研究

中国与俄罗斯农产品贸易影响因素研究中，龚新蜀和刘宁（2015）除常规影响因素外，还引入实际收入和农产品贸易结构，研究发现二者对贸易规模有积极影响。杨逢珉和丁建江[35]（2016）在对中国出口俄罗斯农产品贸易影响因素的实证研究中发现，集约边际对中国农产品出口具有促进作用，而农业投资对集约边际起着积极作用。Grigorenko等[36]（2016）认为俄罗斯运输条件等基础设施建设完善程度有利于中国与俄罗斯进行农产品贸易合作。崔欣[37]（2017）认为两国经济规模、物流方式及基础设施水平对中俄农产品贸易有积极影响；运输成本、自然资源禀赋、人才数量限制对中俄农产品贸易有消极影响。孙红雨和佟光霁[38]（2019）将绿色贸易壁垒引入中国与俄罗斯农产品贸易的影响因素中，并得出其对中俄农产品贸易有阻碍作用。高江涛、李红、邵金鸣等[39]（2021）应用随机前沿引力模型研究中国进口俄罗斯粮食影响因素，得出拥有临近口岸及双方已签署FTA协定对粮食贸易有积极促进作用；地理距离对粮食贸易产生消极作用；进口国GDP总量、关税水平、海运基础设施对粮食资源贸易影响不显著。

中国与俄罗斯农产品贸易潜力的研究，在部分学者对"一带一路"共建国家农产品贸易潜力的研究中会有所涉及（赵雨霖、林光华[40]，2008；时淑媛[41]，2018；陈继勇[42]，2018），但专注于中国与俄罗斯农产品贸易潜力的分析较少，仅有少数学者针对此类问题进行讨论。李爽、崔欣、潭忠昕[43]（2016）指出中国对俄罗斯农产品出口贸易潜力为潜力成熟型，且贸易规模逐步扩大，贸易竞争力不断增强。王瑞[44]（2015）发现中国对俄罗斯农产品出口贸易潜力较大。佟光霁和石磊（2017）运用各类贸易指数得到中国与俄罗斯农产品贸易潜力较大，持续呈现上升趋势。张弛、顾倩倩、Самбуева Д.Ц-Д[45]（2020）应用比较优势指数（RCA）研究中国与俄罗斯远东地区农产品贸易互补性和贸易潜力，得出中国与俄罗斯远东地区农产品互补性较强，俄罗斯远东地区农产品来源主要依靠中国向其出口，双方农产品贸易潜力较大。李爽和祖歌言（2020）对俄农产品出口贸易潜力进行测算，发现中国对俄罗斯出口整体农产品与分类农产品贸易潜力均为潜力开拓型，农产品出口贸易提升空间较大。高江涛、李红、邵金鸣等（2021）利用随机前沿引力模型实证俄罗斯出口到中国粮食资源的影响因素并得出中国与俄罗斯粮食贸易潜力巨大。

### 1.2.4 中俄跨境农业产业链的相关研究

目前，关于农业产业链的相关研究主要聚焦在农业产业链构建的重要作用及其影响因素方面。龚勤林（2004）认为通过接通和延伸产业链建立城乡融合发展的贸工农产业链，既能促进生产要素在城乡之间的自由流动、增加就业，又能提升城乡经济效益，实现城乡协同发展。Richard J. Sexton、Tian Xia（2018）研究了农业供应链的集中度对市场力和行业绩效的影响，结果表明集中度的提高能够增强农业供应链参与者对市场的控制力并有助于行业绩效的提高。Joshua Aboah、Mark M.J. Wilson、Karl M. Rich等（2019）认为农业供应链上下游环节的整合有利于增强整个供应链的社会生态适应性，从而保障农业供应链在危机中的复原力。冯赞、起建凌、普雁翔等（2019）对云南省农业产业链进行研究发现，农业产业链的延伸对增加农产品附加值、提高农产品竞争力以及实现农业现代化具有积极影响和带动作用。陈超和徐磊（2020）以桃产业为例对农业产业链的整合进行了研究，认为农业产业链的整合有助于产业链各环节分工的深化与专业化发展，推动现代化农业的实现。

王山和奉公（2016）指出农业互联网有助于农业产业链现代化转型、农业标准化生产以及拓宽农产品销售渠道，基于农业互联网的农业虚拟产业集群有助于农业产业链的优化。卢凤君和谢莉娇（2019）的研究指出科技、服务和管理的创新是农业产业链增值的关键，而"集群＋平台＋龙头企业＋综合服务"的全产业链闭环的组织形式是农业产业链组织的发展方向。倪冰莉（2020）从微观视角研究了互联网与农业产业链在融合发展过程中的相互关系，指出互联网的应用能够打破农业产业链各环节的时空约束，有效缓解产业链条上各个利益主体之间信息不对称的问题，从而保证农业产业链的结构稳定与可持续发展。孙梦（2020）从信息技术角度分析了智慧农业在农业产业链各个环节的实践与应用，指出智慧农业对于农业产业链的价值升级具有积极意义。Rohit Sharma 等（2020）指出机器学习技术能够增强农业供应链的数据驱动决策，并支持农业供应链的可持续发展，加快智能农业和精确农业的实现。刘华芹（2020）认为，开展农业全产业链合作，将生产、加工到消费等环节连接起来，着重突破目前物流合作方面存在的瓶颈，可为双方发展、完善物流基础设施等全产业链建设提供更优条件。

而对于跨境农业产业链的研究则很少被关注。张鑫（2017）在对中国—东盟经贸合作发展现状分析的基础上，探讨了我国对东盟农业经贸合作的全球价值链地位问题，提出通过五条全球价值链升级路径实现中国—东盟农业产业链一体化。晋燕和冯璐等（2023）探讨了新发展格局下澜湄跨境农业产业链的空间布局问题，建议跨境农业投资企业继续深耕现有生产空间、延长加工仓储空间、拓展市场空间、开发本土乡村新业态，构建澜湄跨境农业产业链，提升企业投资能力，深化中国—湄公河、中国—东盟国家之间的农业合作可持续发展。

对于中俄农业产业链的研究更是缺乏实质性研究成果。侯彦明和刘丽梅（2020）分析了中俄农业跨境电商的发展现状，剖析了中俄农业跨境电子商务贸易合作面临的主要问题，基于此提出共建共营双语跨境电商平台，开展中俄农业全产业链运营的合作模式。王宇婷和宋继华（2020）分析了黑龙江省与俄罗斯远东地区的农业合作现状和问题，并提出相应对策建议。

### 1.2.5 文献述评

关于中国与俄罗斯贸易潜力的研究，国内外学者不论是从研究方法还是从研究内容等各个维度都进行了深入研究，为以后中国与俄罗斯双边贸易合作、贸易往来及贸易潜力的挖掘都提供了大量理论基础。

（1）在研究方法上，贸易指数的计算方法以及构建传统贸易引力模型是研究中国与俄罗斯农产品贸易的主流方法，仅有少数学者构建随机前沿引力模型，且中国与"一带一路"共建国家等宏观贸易是目前贸易潜力的多数研究方向，使用随机前沿引力模型分析中国与俄罗斯农产品贸易影响因素及贸易潜力的文章并不多。

（2）在研究内容上，中国与俄罗斯在农产品的贸易结构、贸易现状、贸易互补性、竞争性及产业内贸易的研究较为丰富且成熟，但关于中国与俄罗斯农产品贸易潜力的多数研究集中在中国对俄罗斯的出口层面，很少有人关注中国从俄罗斯进口的层面。

（3）在模型变量的选择上，主要选取经济发展水平、贸易额、人口数量等较为常见的变量，对农产品贸易特有指标涉及较少且不全面，这些指标选取可以适用于国家间的许多商品贸易，对农产品贸易潜力研究不具有代表性。

此外，国内外学者对中俄农业合作关注较多，但较少关注中俄农业产业链建设问题。当前关于农业产业链的研究多集中于单个区域，农业产业链合作的研究较少，关于跨境农业产业链合作的研究更是凤毛麟角，对于如何构建中俄农业产业链，尚缺乏实质性研究成果。农业跨境产业链合作是促进多双边合作的重要方面，深化农业对外合作不仅有助于缓解全球耕地与人口分布不均衡的问题，还有助于提升全球农业资源的配置效率，对于维护全球和地区粮食安全具有重要意义。因此，跨境农业产业链是值得学术界进一步深入研究的领域。

基于对以上文献的总结，本研究在新粮食安全观背景下，根据传统引力模型，尝试增加能够代表农产品特征的农业用地面积、农业增加值、农产品生产指数及班轮运输指数等新变量，构建随机前沿引力模型，从出口和进口两个方面，实证分析中国与俄罗斯农产品贸易潜力及分类农产品贸易潜力，探索中俄农业产业链的构建方略。以期进一步深化中俄农产品贸易合作，改善贸易结构，促进贸易平衡，构建跨境农业产业链，推进中蒙俄经济走廊建设，为政府和涉外农业企业制定相关政策提供理论指导和决策依据，为国家粮食安全保驾护航。

# 1.3　研究内容与研究方法

## 1.3.1　研究内容

第一，中俄农业合作发展历程。苏联时期中苏两国曾在20世纪50年代发展出了十分密切的农业合作关系，进入60年代后中苏政治关系的破裂使两国的农业合作也随之跌入谷底，70年代后由于中苏经贸合作关系的缓慢恢复，双方农业合作开始重新启动。进入21世纪以来，两国政治领域关系的不断向好发展，自然而然带动了农业领域的合作，当前两国农业合作进入一个新的历史时期。

第二，中俄农业合作的现状、问题、机遇和挑战。基于中俄两国良好的政治关系、毗邻的地缘关系以及农业资源禀赋的互补性等现实，中俄高度重视两国在农业方面的合作，农产品贸易稳定发展，产业合作有序推动。但同时，我们也必须意识到中俄农业合作水平和质量与两国农业发展潜力相比还有较大差距，中俄农产品贸易规模较小、贸易政策限制较多、农业投资风险高、基础设施无法有效对接等问题，制约了中俄农业合作的深度发展。随着中俄全面战略协作伙伴关系的全新升级、俄罗斯远东开发新政的颁布、大豆合作发展规划的签署，中俄农业合作有了新的发展空间，但也面临一些挑战，了解现实，厘清问题，迎接挑战，是双方深化农业合作的前提。

第三，中俄两国农产品贸易互补性与产业合作耦合性评估。明晰中俄双边农产品宏观贸易发展趋势及贸易结构是构建农业区域产业链、实现农产品贸易持续高质量发展的必要前提。本部分通过一系列指标测算全面评估中俄两国农业产业耦合度，以期据此构建中俄农业产业链，保障两国农业安全与稳定。

第四，中俄农产品双边贸易的影响因素。因现有研究中对农产品贸易特有因素分析较少且不全面。本研究结合比较优势理论和产业内贸易理论，深入探讨影响中俄两国农产品贸易的重要因素，把能够代表农产品特征的农业用地面积、农产品生产效率、农产品价格指数、绿色贸易壁垒等新变量引入，并实证检验这些因素的影响作用。

第五，中俄农产品双边贸易潜力。基于随机前沿贸易引力模型分别从中国向俄罗斯出口农产品和中国从俄罗斯进口农产品两个视角，对双边农产品贸易潜力进行测算，以判断其农产品贸易合作空间。

第六，中俄农业跨国产业链构建方略。中俄两国应围绕着"纵链"和"横链"

来构建中俄两国跨境农业产业链。纵链以"上中下游"全产业链合作为基点,解决中俄农业合作"深度"发展的问题;横链以"农业+"为核心,解决中俄两国农业产业合作"面"的问题;通过构建"纵链+横链",从广度和深度两个层面上加强中俄两国农业产业合作,共同应对国际粮食安全风险。

### 1.3.2 研究方法

文献研究法:通过各大数据库平台等查阅期刊书籍资料,知悉国内外农产品贸易潜力的前沿研究,以及多数的研究方法和研究成果,为本研究深入研究奠定良好的文献基础。

计量模型分析法:本研究通过构建随机前沿引力模型,针对中国与俄罗斯农产品贸易影响因素的作用方向和影响程度进行测算,分析影响农产品贸易的非效率项因素,并且利用该模型测算出中国与俄罗斯农产品贸易潜力,使文章更加严谨准确。

定性与定量结合法:本研究首先在研究中俄农产品贸易现状的基础上,定性分析中国与俄罗斯农产品贸易影响因素,在此基础上进一步构建随机前沿引力模型,定量分析中国与俄罗斯农产品贸易潜力。通过定性与定量相结合,可以全面了解中国与俄罗斯农产品贸易现状、准确把握其贸易潜力,以便为促进中国与俄罗斯农产品贸易发展提供更加全面的理论指导。

# 1.4 研究思路

本书的研究思路如图1-1所示。

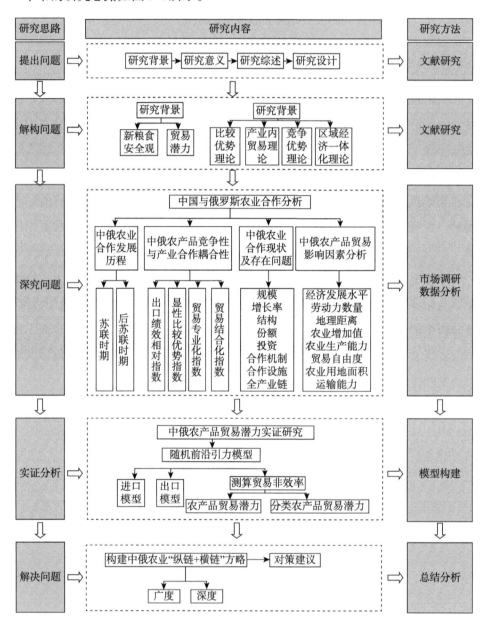

**图1-1 技术路线图**

# 1.5 研究的创新点及不足

## 1.5.1 创新点

（1）在研究内容上，从中俄农产品贸易到农业产业链构建，在总结并验证中俄农业合作潜力的基础上，全面阐述中俄农业合作的前世今生，并对农业产业链构建提出新构想。鉴于现有研究对与农产品贸易相关的影响因素分析较少且不全面，本研究结合比较优势理论、产业内贸易理论和竞争优势理论深入探讨影响中国与俄罗斯双边农产品贸易的重要因素，把能够代表农产品特征的农业用地面积、农业增加值、农业生产指数等新变量引入，并实证检验这些因素的影响作用。

（2）在研究方法上，有关贸易潜力的研究多以贸易指数计算为主，仅有少数学者使用随机前沿引力模型，其中针对农产品贸易，并从进口和出口两个视角探究农产品贸易潜力的研究较少。为弥补这一不足，本研究运用随机前沿引力模型，从进口和出口两个角度，对中国与俄罗斯农产品双边贸易的影响因素进行实证检验，并利用该模型测算中国与俄罗斯农产品贸易潜力。

## 1.5.2 研究不足

在中国与俄罗斯农产品贸易影响因素分析中，由于农产品贸易受国际政治影响剧烈，尤其是中美贸易摩擦、俄乌冲突以及西方国家对俄罗斯的经济制裁等情况，双方在解决贸易争端过程中采取的措施复杂多样。事实上，这些新出现的因素虽然影响较大，但是目前的研究难以将这些新的因素进行量化处理，难以实现模型的分析，这也是文章研究的一大限制。期望在今后的研究中可以采用多种方法，全方位、多角度地考量农产品贸易影响因素，为丰富农产品贸易理论做出积极贡献。

# 1.6 本章小结

本章首先从研究背景和选题意义出发全面阐述本书选题的理论价值和现实意义。其次，从现有文献研究出发，对中国与俄罗斯贸易、中国与俄罗斯农产品贸易、中俄贸易潜力及中俄跨境农业产业链的相关研究进行回顾，总结评述前人研究成果，为本研究指明方向和思路。最后，阐明本书的研究内容和框架思路，指出创新点和不足，为后续研究架构思路、明确方向。

# 2

## 相关概念和理论基础

# 2.1 相关概念界定

本书所涉及的新粮食安全观、贸易潜力的概念，在不同阶段、不同时期具有不同的含义。因此为使研究更加科学准确，同时方便文章的前后衔接与论述，对主要概念进行如下界定。

## 2.1.1 新粮食安全观

党的十八大以来，以习近平同志为核心的党中央把粮食安全作为治国理政的头等大事，提出"确保谷物基本自给、口粮绝对安全"的新粮食安全观，实施以我为主、立足国内、确保产能、适度进口、科技支撑的国家粮食安全战略，为新时代牢牢端稳"中国饭碗"、牢牢把住粮食安全主动权指明了战略方向，提供了根本遵循。

新粮食安全观是以人民为中心的发展思想最直接、最根本的体现。14亿多人口的吃饭问题是中国最大的民生，也是中国最大的国情。坚持以人民为中心的发展思想，必须从根本上解决好14亿多人口吃饭这个最大的民生问题，为不断把人民对美好生活的向往变为现实奠定坚实的基础。以习近平同志为核心的党中央坚持人民至上，把解决吃饭问题作为治国理政的头等大事，将保障国家安全作为保障人民切身利益最重要的议题，提出新粮食安全观，为新的历史征程上保障粮食安全奠定了坚实的基础。党的十八大以来，我国粮食生产实现连年丰收，粮食产量连年稳定在6 500亿千克以上，2023年人均粮食占有量超过490千克，高于400千克的国际粮食安全线。

新粮食安全观是牢牢把住粮食安全主动权的重要指引。粮食安全是买不来的。作为一个拥有14亿多人口的大国，依靠进口保吃饭，既不现实也不可能，必须坚持新粮食安全观，牢牢把握粮食安全主动权，全方位夯实粮食安全根基。当前和今后一段时期，面对世界进入新的动荡变革期的复杂局面，应深刻领会新粮食安全观的历史逻辑、理论逻辑和实践逻辑，聚力全方位夯实粮食安全根基、牢牢把住粮食安全主动权，为新发展阶段经济行稳致远、社会安定和谐、有效应对国内外各种风险挑战、确保国家大局稳定奠定更加坚实的基础，提供更加有力的支撑。

中国坚持新粮食安全观、加强粮食安全的一系列重要举措，对促进全球粮食安全合作、推动全球共同维护粮食安全具有重要意义。粮食安全关系人类永续发展和前途命运，是构建人类命运共同体的重要基础。中国探索形成的保障粮食安全之路，为世界维护粮食安全提供了重要经验借鉴，对推动加强世界粮食安全合作、提高发展中国家粮食生产能力和安全保障水平，具有重要的示范和引领作用。

### 2.1.2　贸易潜力

潜力指的是某个事物所具备的一定特性的能力，这种能力在现实条件下暂未显现出来，但通过一定的方法和手段，就可以使得事物将这个能力显现出来。而对于农产品而言，一个国家或地区的贸易潜力就是指该国家或地区通过对农产品贸易的现实约束等条件进行改善，就能够做到将可能达到的贸易能力转化成为现实的贸易能力，包括改善现有农产品贸易的规模和结构，以此来获取该地区或国家在农产品贸易方面的整体发展。

通过对现有文献中有关农产品贸易潜力的数据进行分析和探讨，发现大部分学者将贸易潜力定义为在贸易投入给定的前提下，贸易国家或者地区能够获取的最大贸易数额。然而在现有的研究文献中，农产品贸易潜力的测算仍然是一个重要因素，同时也是难以测量的要素，虽然前人研究农产品贸易潜力的相关计算模型方法较为成熟，但考虑到具体国家、行业、时间、其他控制变量相关因素的制约，就难以准确衡量甚至预测某国农产品的贸易潜力值。例如，在投入和产出的相关情境下，贸易潜力的前提是一个地区的贸易投入，这能够验证是否可以通过投入获得相对应甚至更多的产出。最重要的是，农产品的贸易潜力与贸易效率高度相关，当前时期的高贸易效率在一定程度上促进了贸易潜力值的增加，且在贸易潜力的预测模型中，贸易效率是重要的控制因素。

在研究贸易潜力的基础上，本书还涉及出口潜力和进口潜力，出口潜力的基本定义涉及一个国家或者地区的关键贸易潜力，即该国家或地区在未来一段时间内，向其他国家或地区出口某类产品可能获得的收益。同理，进口潜力是一个国家或者地区对某类产品进口所占据的优势潜力。相对于进口潜力，学者更多关注出口潜力的研究，因为从出口潜力可以表现出本国或者本地区的产品成功销售到其他国家或地区从而换取收益的能力大小，这有助于衡量贸易的可能性，为提升国家之间的贸易往来提供指引。对出口潜力的研究主要从其关键的影响因素出发，相关研究认为，国家之间地理位置、产品结构、GDP 等关键经济水平、物流连接等是影响出口潜力的关键因素。同时，为了得出更为精确的研究结论，在出口潜力的量化研究上，学者采用各种实证方法，试图探究两国之间的贸易潜力。在国外研究领域当中，引力模型是研究贸易增长决定因素最常见的模型。Tinbergen（1962）和Poyhonen（1963）首先提出了运用引力模型，他们成功地将力学方面的牛顿经典万有引力公式应用到了经济领域，形成了适用于经济方面的引力模型，该模型比较完整并且用法简便。引力模型形成以后，众多学者开始尝试将该模型用于国际贸易的实证分析当中，并且尝试基于原有的引力模型，针对实际情况进行改进，从而优化模型结构，以便能够更好地服务于国际贸易相关问题的探索。这些变量大致可以分为两类，一种是质量制度指标，诸如政府治理质量、优惠贸易协定、合约实施保障、区域经济一体化组织等；另一种是虚拟变量，诸如共同语言、宗教、边界的差异性等。学者关于添加虚拟变量的观点也各有不同。Batra（2006）将虚拟变量相同文化和历史加入引力模型，用146个国家的贸易数据作为研究对象，利用最小二乘法以及拓展后的引力模型对这些国家2000年的截面数据开展回归分析，通过预测其贸易流量，进一步预测各个国家和地区的贸易潜力。通过研究发现，拥有相同的文化和历史能够对国际双边贸易产生积极的促进作用，例如中国与印度之间就存在巨大的贸易潜力，如果能够取消贸易限制和壁垒，那么双边贸易额可能增长为原来的两倍以上。Rahman（2010）将虚拟变量共同语言和开放程度加入引力模型，并用50个国家的贸易数据作为研究对象，以此来研究澳大利亚的贸易潜力，该学者通过使用最小二乘法和拓展后的引力模型对2001年和2005年的数据进行了测算和估计，以此预测出了该国家的贸易潜力。通过研究发现，澳大利亚的双边贸易与开放程度、经济规模、共同语言以及人均GDP等因素存在正向相关性，另外澳大利亚与其贸易方的地理位置距离与贸易流量之间呈现显著负相关关系。Sultan等（2015）研究巴基斯坦的贸易潜力、进出口额以及其决定性因素等，设置相关虚拟变量，通过研究分析发现：在进口方面，巴基斯坦与挪威的贸易潜力最大，其次是葡萄牙、菲律宾以及希腊；而在出口方面，巴基斯坦与匈牙利和瑞士的贸易潜力最大。邻国的运输成本要远远低于非邻国。有些学者将制度质量作为一个变量添加到研究当中。Rao（1997）将非政策性贸易壁垒措施、基础设施水平以及贸易成本加入引力模型，以此来对孟加拉国的国际贸易潜力进行测算和分析，通过研究发现，影响该国贸易潜力最大的原因之一就是贸易交易成本的上升，降低贸易运输成本、改善基础设施、非政策性壁垒自由化都将促进孟加拉国贸易潜力的发挥和实现。Yeshineh（2016）将经济开放程度加入引力模型，以此来研究埃塞俄比亚同其主要贸易伙伴之间的贸易潜力。通过研究发现，经济相似性、经济规模、人均国内生产总值差异、经济开放度等是影响埃塞俄比亚进出口贸易的主要决定因素，而汇率则对该国的出口贸易不造成影响。Salim 等（2011）将是否共同组织成员方加入引力模型，以此来研究分析共同组织是否会对组织内的成员方之间的贸易产生积极促进作用，通过研究发现正向作用明显，同时稳健性检验进一步证实了研究结论的准确性，因此呼吁各国友好合作，互通往来。

通过对相关研究文献进行统计分析，本研究将农产品贸易潜力界定为贸易投入水平一定的情况下，农产品贸易国能够获取最大贸易额的能力。

## 2.2　理论基础

### 2.2.1　比较优势理论

比较优势理论是18世纪的英国古典政治经济学家大卫·李嘉图在1817年完成的著作《政治经济学及赋税原理》一书中提出来的。大卫·李嘉图认为：一个国家和一个人一样，只要出口那些它在生产率上最具有比较优势的产品或服务，进口那些它最不具有比较优势的产品或服务，它就会从贸易中获益。这就是所谓的比较优势理论。大卫·李嘉图是一个天才的业余经济学家、古典经济学理论的完成者、古典学派的最后一名代表，他在童年所受的教育不多，14岁就开始跟着父亲在交易所工作，到25岁时就已经拥有200万英镑财产，27岁时偶然阅读了亚当·斯密的《国富论》，从此研究经济学。所以比较优势理论也是在绝对优势理论的基础上发展而来的。

李嘉图认为：决定国际贸易的一般基础是比较利益，而非绝对利益，即使一国与另一国相比，在两种产品生产上都处于绝对不利的地位，国际分工和国家贸易仍可发生。假设世界上有甲和乙两个国家，它们同时都生产A、B两种产品，在这两种产品的生产上，甲具有绝对优势，而乙具有绝对劣势，但是甲在A生产上的优势更大，乙在B生产上具有相对优势，此时如果按照绝对优势理论，国际分工就不存在了，但是在比较优势理论下，甲就会生产具有比较优势的A产品，而乙则会生产B产品，国际分工依然存在。这样看来，中国古代的田忌赛马故事也反映了这一比较优势原理，田忌所代表的一方的上、中、下三批马，每个层次的质量都劣于齐王的马。但是，田忌用具有绝对劣势的下等马对齐王有绝对优势的上等马，再用有比较优势的上、中等马对付齐王的中、下等马，结果赢了这一场实力差距悬殊的对局。

比较优势理论认为，国际贸易的基础是生产技术的相对差别（而非绝对差别），以及由此产生的相对成本的差别。每个国家都应根据"两利相权取其重，两弊相权取其轻"的原则，集中生产并出口其具有"比较优势"的产品，进口其具有"比较劣势"的产品，关键是要有利可图。比较优势理论有几个假设条件：（1）只有一种生产要素、两种商品以及两个规模既定的国家；（2）两国两种产品的消费者偏好相同；（3）国内劳动要素具有同质性；（4）劳动要素可以在两个生产部门之间自由流动，但不能跨国流动；（5）贸易是自由的，并且不考虑运输成本等任何贸易费用；（6）规模收益不变，商品与劳动市场都是完全竞争的。虽然该理论假设条件过于苛刻，但对于早期国际贸易的产生原因具有指导意义，其理论内涵依然具备合理之处，而且它为自由贸易政策提供了理论基础，推动了当时英国的资本积累和生产力的发展。

如果每个个体都集中生产自己具有比较优势的产品，把有限的时间、精力和资源放在那些放弃的机会最小、成本最小的生产活动上，整个社会总产量就会达到最大。本书就两国农产品贸易进行分析后发现，由于俄罗斯农业基础设施建设不足，俄罗斯出口到中国的农产品中，多以初级产品和原材料为主，以上产品在我国现有农产品供应上缺口较大，属于俄罗斯的比较优势产品。由于在某些农产品的农业生产力水平高于俄罗斯，中国出口到俄罗斯的农产品，是中国的比较优势产品，大多满足俄罗斯市场的需求。在实际中俄贸易中，中国出口到俄罗斯的农产品中多数为具有比较优势的农产品，同样，俄罗斯出口到中国的农产品也多数为具有比较优势的农产品，与比较优势理论相符。

### 2.2.2 产业内贸易理论

产业内贸易理论是国际经济学界在20世纪70年代产生的一种新理论，在20世纪70年代末80年代初，以保罗·克鲁格曼、兰卡斯特和海尔普曼为代表的经济学家进一步系统地阐述了产业内国际贸易理论，并指出产业内贸易发生的主要依据是产品的异质性、规模经济、需求偏好，引起西方国际贸易理论界的广泛兴趣。传统的国际贸易理论主要是国与国、劳动生产率差别较大的和不同产业之间的贸易，产业内贸易理论则是主要针对国际贸易大多发生在发达国家之间并且既进口又出口同类产品的现象提出来的。简单来讲，产业内贸易是指同一产业部门内部的商品在不同国家之间的交换，比如本书所讨论的中国和俄罗斯相互贸易农产品等。

产业内贸易理论有其理论的假设前提、相应的理论解释，对产品的同质性、异质性与产业内贸易现象进行解释，并提出了产业内贸易指数的计算方式。产业内贸易理论的假设前提是：理论分析基本是从静态出发进行分析的；分析不以完全竞争市场，而以非完全竞争市场为前提；经济中具有规模收益；在分析中要考虑需求不相同与相同的情况。产业内贸易理论认为，为了降低生产成本，获得规模经济，所有国家不可能各自生产所有品种的产品，为了实现利润最大化，它们各自大规模生产少数种类商品，通过国际贸易销售到各地有该需求的消费者手中，这样的产业内贸易既能使生产者降低生产成本，又能使消费者以较低的价格购买到需要的商品，双方都能获得好处。产业内贸易是指同一产业部门内部的商品在不同国家之间的交换。比如美国和日本相互贸易计算机，德国和法国交换汽车等。再比如，中国东北边境生产的某些农产品可以向俄罗斯东部出口销售，而当中国西部边境有需求，正好俄罗斯相邻地区有供应时，则宁愿从俄罗斯进口而不是从中国其他省运输，这就属于中俄产业内贸易，动机是为了节省运费。

同类产品是指在消费上能够互相替代而生产上又投入相近或相似的生产要素的产品。产业内贸易可以分为两种类型：同质和异质。同质产品也称相同产品，是指那些价格、品质、效用都相同的产品，产品之间可以完全相互替代，即商品需求的交叉弹性极高，消费者对这类产品的消费偏好完全一样。这类产品在一般情况下属于产业间贸易的对象，但由于市场区位不同、市场时间不同等原因，也在相同产业中进行贸易。异质产品也称差异产品，是指企业生产的产品具有区别于其他同类产品的主观上或客观上的特点。该种产品间不能完全替代（尚可替代），要素投入具有相似性，大多数产业内贸易的产品都属于这类产品。还有国家间的交叉型产业内贸易，如果产品的运输成本太高，那么使用国便会从距离使用者最近的国外生产地购入，而不会在国内远距离运输。

本书就中俄的农产品贸易进行分析，中俄两国地理位置相近，消费者生活习惯和需求偏好有差异，两国经济发展水平不同，两国消费者收入存在差异，使得两国购买能力存在不同，而且中俄两国的地理位置和气候条件不同，所生产的农产品也有所差异，互相进出口自然频繁，就算两国所需农产品国内都有生产，但是由于中俄都是面积极大的国家，考虑到运费等条件，还是会考虑从对方国家进口，比如前文所提到的中国东北的例子，所以中俄农产品进行农业产业内贸易是有很大发展空间的。

### 2.2.3 竞争优势理论

竞争优势理论的产生是以美国国际经济地位的变化为背景的，20世纪80年代以来，经济全球化和第三次技术革命步伐的加快，美国的竞争力已经无法在国际上保持绝对的竞争优势，面临来自日本和西欧的强大竞争压力，世界各国需要解决的迫切问题是如何在日益激烈的竞争中保持持续的国际竞争力。于是，美国经济学家、哈佛大学商学院迈克尔·波特先后出版了《竞争战略》《竞争优势》《国家竞争优势》三本著作，分别从微、中、宏观角度论述了竞争力问题，与传统理论相区别，这也就是国家竞争优势理论。波特认为，财富是由生产率支配的，或者它取决于每天的工作、每一美元的所投资本以及每一单位所投入的一国物质资源所创造的价值，一国的竞争优势是企业、行业的竞争优势，一国兴衰的根本在于能否在国际竞争中赢得竞争优势，而赢得竞争优势的关键则在于是否具有适宜的创新机制和充分的创造能力。国家竞争优势理论是由四个方面的因素构成的体系，包括：生产要素，需求条件，相关产业和支持产业的表现，企业的战略、结构和竞争对手。其中生产要素（指高层次生产要素）处于主导性地位。这四个因素分布于一个菱形图形的四角，恰如一枚钻石，故也称"钻石理论"。

①生产要素分为基本要素和高等要素，基本要素包括自然资源、气候、地理位置、非熟练劳动力、债务资本等先天拥有或不需太大代价便能得到的要素；高等要素包括现代化电信网络、高科技人才、高精尖技术等需要通过长期投资和后天开发才能创造出来的要素。②需求条件：波特认为，国内需求状况的不同会导致各国竞争优势的差异。波特将国内需求分为细分的需求、老练挑剔的需求、前瞻性需求三类。③相关产业与支持产业指为主导产业提供投入的国内产业。一国产业如果想获得持久的竞争优势，就必须在其国内具有在国际上有竞争力的支持产业和相关产业。④企业战略、组织结构和竞争状态包括企业建立、组织和管理的环境及国内竞争的环境，适合一国环境的管理方式能够提高该国的国家竞争优势，一个国家内部市场的竞争结构也会对该国企业的国际竞争力产生重大影响，激烈的国际竞争是创造和保持竞争优势的最有力的刺激因素。除了以上四个条件之外，波特还认为一国所面临的机遇和政府所起的作用对国家整体竞争优势的形成也具有辅助作用。机遇包括重大新发明，技术革新，投入成本的剧变，外汇汇率的突然变化，突发的世界性或地区性需求、战争等。波特主张政府应当在经济发展中起催化和激发企业创造能力的作用，政府政策和行为成功的要旨在于为企业创造一个宽松、公平的竞争环境。

波特提出的竞争优势理论，是对传统的国际贸易理论的一个超越，是对当代国际贸易现实的接近。波特第一次明确地阐述了竞争优势的内涵，这对任何一个国家、行业和企业来说都具有重大的借鉴意义，虽然有些局限性，但放在如今也仍然适用。本书就中俄农业贸易进行探讨，在生产要素方面，中俄的自然资源、气候条件、地理位置等都不相同，高等要素也有很多差别很大的地方，所以可以发挥竞争优势；在需求条件方面，中俄的需求状况不相同，两国可以根据自己国内和两国间的农产品需求进行贸易；在相关产业与支持产业方面，中俄进行农产品交易有可能发挥群体优势、可能产生对互补产品的需求拉动等；在企业的战略、结构和竞争对手方面，正是因为有竞争对手的存在，会直接削弱本国农产品可能具有的一些优势，从而促使国家出台更多农业优惠政策。另外，中俄两国良好的政治关系为两国的粮食合作生产与贸易发展起到促进作用。

### 2.2.4 区域经济一体化理论

区域经济一体化亦称"区域经济集团化"，是指组成区域经济集团的成员方通过达成某种协议而建成的经济合作组织，目的是逐步消除贸易壁垒，实现生产要素在成员方之间无阻碍的流动。经济一体化的最终目标是要在成员方之间建立单一的经济空间，实现经济的完全联合。区域经济一体化是近代产生的观念，在第二次世界大战之后得到了迅速发展。其组织形式按一体化程度由低到高排列，包括特惠贸易协定、自由贸易试验区、关税同盟、共同市场、经济联盟和完全经济一体化，一体化程度最高的区域经济集团是欧洲联盟。

根据商品和生产要素自由流通程度的差别以及各成员方政策协调程度的不同，可以将经济一体化分为六种形式：（1）特惠贸易协定。特惠贸易协定的成员方之间的贸易障碍比非成员方要低，少数优选的商品也可能撤除所有贸易壁垒，实行自由贸易。（2）自由贸易试验区。在自由贸易试验区内，各成员方相互取消一切关税和非关税的贸易障碍，实现区域内商品自由流通，但各国仍保留独立的对集团外国家的关税和其他贸易壁垒。（3）关税同盟。成员方之间除取消关税和其他贸易壁垒外，还统一了对集团外国家的贸易政策，对集团外国家实行共同、统一对外的关税壁垒和其他贸易限制措施。（4）共同市场。在共同市场内部，不仅实行关税同盟的各项政策，即实行成员方内部的自由贸易和统一对外关税政策，还允许资本、劳动力等生产要素在成员方之间自由流动。（5）经济联盟。结成经济联盟的各成员方除了实行商品与资本、劳动力等生产要素的自由流动外，还包括经济政策（包括货币政策、财政政策）和社会政策（如社会福利政策）的协调一致。（6）完全经济一体化。完全经济一体化比经济联盟更进一步。它除了要求成员国完全消除商品、资本和劳动力流动的人为障碍外，还要求在对外贸易政策、货币政策、财政政策、社会政策等方面完全一致，并建立起共同体一级的中央机构和执行机构对所有事务进行控制。

当今世界上比较有名的区域经济一体化组织，包括欧盟、北美自由贸易区、亚太经合组织、东盟、欧亚经济联盟等。区域经济一体化使得商品、服务及生产要素自由流动，有利于各国充分发挥比较优势，优化资源配置，获得额外收益；可以促进成员国经济更好发展，加强了区域内成员国的贸易往来；能够促进成员国的分工合作等。本书着眼于中俄的农业贸易，中国和俄罗斯两个国家关系紧密且友好，两国加入了许多区域经济一体化组织，比如东盟、丝绸之路经济带、欧亚经济联盟等。这些组织的国际贸易非常频繁，尤其是东盟，近几年都占据了中国进出口贸易的榜首，俄罗斯的进出口也与东盟联系非常密切，在这种情况下，更不用提中俄的农业贸易了，在东盟的作用下，中俄的农业贸易一定会保持稳定增长。粮食是国家安全的物质基础，事关国运民生。中俄两国利用农业领域的互补性，深入挖掘中俄农产品贸易潜力，改善农产品贸易结构，构建农业合作产业链。这些所进行的农业贸易都与区域经济一体化息息相关。

# 2.3　本章小结

本章界定了新粮食安全观和贸易潜力的概念，并对研究中应用到的理论进行阐述。党的十八大以来，以习近平同志为核心的党中央把粮食安全作为治国理政的头等大事，提出"确保谷物基本自给、口粮绝对安全"的新粮食安全观，实施以我国为主、立足国内、确保产能、适度进口、科技支撑的国家粮食安全战略，为新时代牢牢端稳"中国饭碗"、牢牢把住粮食安全主动权指明了战略方向、提供了根本遵循。要积极稳妥利用国际农产品市场和国外农业资源，农产品贸易要实施农产品进口多元化战略。而农产品贸易潜力，本研究界定为贸易投入水平一定的情况下，农产品贸易国能够获取最大贸易额的能力。比较优势理论、产业内贸易理论、竞争优势理论和区域经济一体化理论是本研究的重要支撑理论，为深入挖掘中俄农产品贸易潜力，改善农产品贸易结构，构建农业合作产业链奠定了思想基础和发展依据。

# 3

# 中国与俄罗斯农业合作发展历程

中国与俄罗斯国土接壤，农业合作互惠互利，潜力巨大。中国人均占有耕地少，需要依靠全球市场来丰富农产品的供应，中国每年的大豆进口量折算种植面积近9亿亩。俄罗斯远东地区土地资源丰富，但没有很好地开发，除了劳动力和资金匮乏等障碍外，没有稳定的外需市场也是制约其开发的重要因素。中俄农业合作互利双赢，俄罗斯可以通过发展农业改善其经济状况，推动其"东部大开发"战略的实施；对中国来说，以较低的运输成本获得充足的粮食供应，也是保证粮食安全的重要途径。在2019年9月11日举行的中俄总理定期会晤委员会农业合作分委会第六次会议上，两国表示要在农产品相互准入及动植物检验检疫、农产品贸易物流基础建设、农业投资和边境地区合作等领域加强合作，这为进一步深化双边农业合作提供了有力的制度土壤。

# 3.1 中苏农业合作发展历程

政治关系是影响中国与苏联农业合作发展的重要因素。总体而言，新中国成立初期是中国与苏联农业合作的迅速发展时期，20世纪60年代是中苏农业合作的衰退期，到70年代中苏两国农业合作才又开始逐渐发展。

## 3.1.1 中苏农业合作蜜月期（20世纪50年代）

20世纪50年代，中苏两国在经济贸易方面取得了快速进展，同时两国在农业合作方面也取得了重要进展。由于西方国家对中国采取了全方位孤立和遏制政策，中国政府为了应对这一困境，明确宣布新中国站在社会主义和世界和平民主阵营一边，这一时期中国主要与苏联等社会主义阵营国家开展经贸往来和技术合作。面对新中国成立后的一些特殊情况，苏联毅然从自己的腰包中掏出3亿美元的贷款来援助中国的建设。这笔钱在当时大概占了中国国民经济的14%，这对于中国来说是相当重要的。同时，这对"一五"计划的实施也起到了直接的刺激作用。1950年2月，《中苏友好互助同盟条约》签署之后，中苏两国开始进行全方位多层次的政府间交流合作。两国农业合作也因此进入了飞速发展的黄金时期。1950年签署的中苏贸易协定标志着两国正式建立了国家间的贸易关系。之后，两国在1958年签订了通商航海条约，为进一步巩固双边贸易关系奠定了法律基础。自两国贸易协定签署以后，苏联向中国出口各种机械设备并对中国施以援助，而中国无须以现汇方式支付货款，通常以农产品交换的形式来实现补偿和偿还，如大豆、猪肉、大米、烟草等。因此，该时期东北各口岸出口至苏联的商品大多以农产品为主。在20世纪50—60年代，我国出口到苏联的粮食占我国粮食出口总额的30%以上。在农业科技交流方面，苏联在寒温带和亚寒带作物的种植方面有着成熟的技术和先进的经验，而中国在某些农作物的种植方面也拥有丰富的实践经验。因此，两国在农作物种植技术方面进行了广泛的交流与合作，以共同提高农业生产水平。尽管在早期阶段，中苏两国在农业领域的投资相对有限，但双方已开始尝试进行一些农业投资合作。这些投资主要集中在种植、畜牧和农产品加工等农业领域。苏联对中国的农业投资主要集中在森林工业、畜牧业和农产品加工业方面，中苏两国在农产品贸易方面也有着密切的联系。中国从苏联进口的主要农产品有小麦、玉米、大豆等，而中国出口到苏联的主要农产品有大米、大豆等。为了规范和促进农产品贸易，两国还签订了一系列的贸易协定和协议。在新中国成立初期，中苏两国就已经开始进行农业物资和技术的交流与合作了。苏联向中国提供了农业生产资料和技术支持，帮助中国建设了一批农产品加工项目，为我国的农业建设提供了动力，也为我国农业化发展奠定了基础。

### 3.1.2　中苏农业合作衰退期（20世纪60年代）

20世纪60年代中苏关系进入衰退期，1960年7月苏联政府突然照会中国政府，单方面决定立即召回在我国工作的全部苏联专家，撕毁了两国政府签订的12个协定、两国科学院签订的1个议定书以及343个专家合同和合同补充书，还废除了257个科学技术合作项目，导致中国众多部门的250多个企事业单位的建设被迫中途停顿。这一系列蓄意恶化中苏关系的行为，使中国蒙受了巨大的经济损失，令当时严重的经济困难雪上加霜，也极大地伤害了中国人民的感情，给两国关系造成了难以弥合的创伤，两国农业合作也进入了严重萎缩时期。60年代以后随着中苏政治关系的破裂，两国的经贸关系基本处于中断状态，两国的贸易额从1959年的18亿卢布下降到1965年的3.9亿卢布。农业科技合作也在该时期陷入了全面冻结的状态，使我国的农业发展受到了巨大阻力。

### 3.1.3　中苏农业合作恢复期（20世纪70—80年代）

20世纪70年代随着中苏两国政治关系得到改善，该时期农业合作也开始复苏。两国贸易额开始出现回升，1971年中苏双边贸易额为1.5亿美元，相比1970年增加了两倍多，到了1980年两国贸易额增长到近5亿美元。80年代，中苏两国经贸关系进入了更为稳定的发展阶段。1982年，两国政府通过换文方式，正式恢复了两国边境贸易，这极大地推动了中苏经贸合作的发展进程。在此期间，中苏双边贸易额从1981年的2.25亿美元增长到1989年的36.7亿美元。随着两国经贸合作的加强，农产品贸易也逐渐活跃起来。在80年代后期，中苏两国贸易的主要农产品已经具备了一定的规模。中国向苏联出口的主要农产品包括玉米、大豆、冻猪肉、苹果和罐头等。从1985年到1989年，中国输往苏联的玉米和大豆的平均出口额占全国出口总额的30%以上，输往苏联的冻猪肉平均出口额更是超过了全国出口总额的40%，而每年输往苏联的罐头平均量约为全国出口总额的20%。此外，除了农业贸易合作，在其他方面的农业合作也开始恢复。如为了促进和发展两国在植物检疫和植物保护方面的合作，1988年两国签署了《中华人民共和国政府和苏维埃社会主义共和国联盟政府关于植物检疫和植物保护的协定》，对进出口植物和植物产品防疫做了约定。

## 3.2　中俄农业合作发展历程

作为苏联的主体继承者，东欧剧变后新成立的俄罗斯走上了发展资本主义的道路，与中国的合作进入了新的阶段。20世纪90年代中俄农业合作的发展是对80年代中苏时期的延续，但同时又因为新政权的到来而迎来了一个新的开始。中俄农业合作发展大致可以划分为三个阶段：第一阶段是中俄农业合作发展阶段（20世纪90年代）；第二个阶段是中俄农业合作持续推进阶段（2000—2013年），在这一阶段中俄农业合作的整体框架基本搭建形成；第三阶段是2014年至今，两国农业合作进入不断完善和持续深化的阶段。

### 3.2.1　中俄农业合作发展阶段（20世纪90年代）

苏联解体对俄罗斯的政治经济形势产生了重大影响，导致两国政治经济关系发生了重要变化。1992年，俄罗斯总统叶利钦访问中国，标志着两国关系进入了一个新的阶段，这也是发展两国农业合作的重要事件。在两国首脑的首次会晤后，发表了联合声明，明确提出了农业是双方加强经贸合作的重要领域之一。从此，农业合作成为中俄经贸领域合作的主要议题之一。

随着中俄两国关系的逐渐加强，两国在农业领域的合作得到进一步的扩大。1994年，两国签署了《中华人民共和国政府和俄罗斯联邦政府关于农工综合体经济与科技合作协定》，该协定的签署为两国的农业合作提供了更加明确的方向，包括植物栽培、畜牧和饲料生产、农业生产的机械化和自动化、建立合资企业、组建农场和农产品加工企业、保护环境、提供咨询等领域。1996年，两国政府签署《中俄联合声明》，再次确认了农业在两国重大合作项目中的重要地位。在该时期，中俄两国在农业合作方面取得了有效的进展，包括种植、加工、贸易、投资以及科研等领域。然而，叶利钦政府采取的"休克疗法"对俄罗斯农业发展产生了极大的消极影响，因为受制于俄罗斯落后的发展水平，90年代中俄农业合作总体发展水平也十分有限，但中俄两国在农产品贸易方面一直保持着密切的联系和合作。中国从俄罗斯进口大量的油脂、油料、面粉等农产品，同时向俄罗斯出口水果、蔬菜等农产品。双方还在边境地区开设了多个边贸市场和交易中心，方便农产品贸易的进行。中俄两国在农业投资方面也开展了一些合作。中国企业在俄罗斯租赁土地，建设农场和加工厂，同时也向俄罗斯企业提供资金和技术支持。俄罗斯则向中国企业提供土地和资源等方面的支持。中俄两国在农业科技方面也开展了一些合作。双方在农作物品种选育、农业技术研发、节水灌溉等方面进行了一些合作和交流，并且互派农业技术人员和专家进行培训和指导。同时，中俄两国在农业产业化方面也开展了一些合作，双方在一些农业产业领域建立了一些合资企业，例如油脂加工、饲料加工等，共同推进农业产业化发展。

农业劳务输出是该时期两国农业合作的重要组成部分之一。由于俄罗斯远东地区经济发展相对滞后，因此需要吸引外来劳动力以推动农业和经济的发展。从20世纪80年代后期开始，苏联开始从中国吸收农业劳工，中国劳工主要从事劳动密集型工作，如蔬菜种植、建材制造等。由于俄罗斯远东地区与我国东北地区相邻，交通便利且该地区地广人稀，农业劳动力缺口较大，因此中国的农业劳务人员大部分聚集在俄罗斯西伯利亚与远东地区。虽然俄罗斯对中国的农业劳务进行了严格的限制，中国的劳工人数较为有限，工作领域也比较单一，但是中国农业劳务输出对稳定该地区的农业发展仍具有很大的促进作用。在20世纪90年代中俄农业贸易方面，边境贸易是其主要形式。由于当时苏联解体等原因导致两国易货贸易十分困难，因此边境贸易成为两国进行农业贸易的主要方式之一。双方在边境地区开设了多个边贸市场和交易中心，方便农产品贸易的进行。在20世纪90年代，中俄关系正常化后，中俄边界贸易得以恢复，但该阶段中俄农业合作主要表现为"自发"的边境互动，缺乏两国政府间的直接合作。在此时期，中国改革开放取得了一定的成效，国内生活资料供应相对稳定，而苏联则因重工轻农的发展模式导致国内物资供应严重不足。因此，自1984年两国边境贸易重新开放以来，两国边境贸易自发形成，到90年代两国的农业贸易仍以易货贸易形式进行交易。从1950年中国和苏联签署政府贸易协定以来，到1990年以前，记账贸易一直是两国农产品贸易的主要形式，其主要方式为易货贸易。然而，在20世纪90年代，虽然双方的记账贸易协定已经到期终止，但由于硬通货的缺乏，易货贸易在很长一段时间内仍是主要的支付方式。在此时期，我国对俄罗斯出口的农产品主要包括蔬菜、玉米、大豆、冻猪肉、苹果以及罐头等一些初级农产品。总的来说，在多种原因的制约下该时期中俄两国的农业贸易规模十分有限，产品结构单一。

### 3.2.2 中俄农业合作持续推进阶段（2000—2013年）

进入21世纪后，中俄农业合作步入了新的历史发展阶段。从2000年到2013年，是中俄农业合作稳步发展的时期，在这个阶段形成了合作的基本框架。2001年《中华人民共和国和俄罗斯联邦睦邻友好合作条约》的签署，标志着中俄两国政治层面交往不断稳健发展，两国高层间的交往越发密切，国家间的友好合作也逐渐从政治领域延伸到其他领域。在良好的政治环境下，两国区域合作战略的实施进一步推动了两国农业合作。由于中俄农业合作主要在俄罗斯远东地区，进入21世纪以来，俄罗斯政府不断加大对亚太地区事务的关注，与此同时，中国推出了振兴东北老工业基地计划。两国区域战略的碰撞为中俄农业合作的发展带来了重要的机遇。自俄罗斯总统普京上台以来，俄罗斯政府对俄罗斯远东地区的开发得到了进一步加强。2002年，俄罗斯政府颁布了第169号文件《1996—2005年和至2010年远东与外贝加尔地区经济社会发展联邦专项纲要》，这标志着21世纪俄罗斯远东发展战略的开始。2003年，中国政府提出了东北老工业基地振兴战略，这也标志着中国东北振兴计划的启动。在这样的战略机遇下，两国开始积极加强远东地区的合作。在2006年召开的中俄投资促进周暨第三届中俄投资促进会议上，两国第一次详细讨论了中俄农业合作问题。而在2007年中俄发表的《中俄联合声明》中明确指出，两国应该制定加强俄罗斯远东、东西伯利亚地区和中国东北地区发展战略的协调合作计划。2009年9月，中俄两国批准了《中华人民共和国东北地区与俄罗斯联邦远东及东西伯利亚地区合作规划纲要（2009—2018年）》，在这一事件的推动下，中俄两国的区域性合作进入了新的发展阶段。农业合作作为两国经贸合作的重要方向，主要反映在两国的长期综合发展战略中。远东合作作为两国的综合合作计划，农业合作是两国地区发展战略中的重要组成部分，而两国关于远东地区基础设施建设部分的合作也对两国农业合作起到了极大的促进作用，有利于推动两国农产品贸易的便利化发展。

中俄农业合作在该时期逐渐形成了农业合作机制，来协调和统筹两国的农业合作。随着时间的推移，两国农业部门在多个双边机制或多边国际农业合作机制框架下，形成了一套包括正式或非正式农业合作机制的机制体系，初步建立起了包括国际机制、两国元首会议、政府总理会议、部长会议以及地方政府会议在内的多部门、多层级、多领域的会议协调机制。为了进一步促进和保障两国农业合作的深化发展，2013年，在中俄总理定期会晤机制下成立了专门的农业合作分委会，为中俄农业合作提供了协商平台。同时，两国还在多边组织框架下，利用多边组织的资源整合能力，丰富了中俄农业合作的机制框架。在此阶段，中俄两国农业部在金砖国家、亚太经济合作组织（APEC）等多边机制下建立了多个农业合作机制。这一系列举措标志着两国农业合作进入了制度化发展阶段。

在具体合作实践方面，自2009年中粮集团有限公司首次提出农业全产业链概念后，经过多年的发展，农业全产业链也在国家间农业合作中从概念逐渐变成现实。该时期中俄农业合作初步形成了以种植业为主的合作模式，并开始不断向农业全产业链的贸易、加工、投资、运输、仓储、科技等环节延伸。就农业贸易而言，进入21世纪以来两国的农业贸易规模在不断扩大，从1999年开始两国农业贸易保持了8年的连续增长态势，年均增长速度达到31.3%。2000年中俄双边农产品贸易额为6.18亿美元，2013年则增加到37.02亿美元。两国农产品贸易格局在该时期基本形成，俄罗斯向中国出口的主要农产品是水（海）产品、水果和蔬菜，俄罗斯从中国进口的农产品主要以水产品为主。两国农业投资的规模也在不断扩大，到2012年底中国对俄农业投资存量为13.7亿美元，在中国的国际农业投资总额中的占比接近38%。农业科技合作也在该时期得到进一步的深化，在多个领域都建立了合作，涉及种质资源交换、农业技术培训、畜牧业生产、专家交流、动物疫病防控、农产品质量安全、农业机械和生态农业等方面。

自21世纪以来，中俄两国在政治、经济、人文等领域的交流与合作取得了显著的成果，为推动农业合作打下了坚实的基础。在这一阶段，中俄农业合作的总体框架基本搭建完成，目前的农业合作机制、合作范围和合作领域已经基本确立。然而，两国农业合作的各个方面仍有待进一步充实和发展。

### 3.2.3  中俄农业合作不断完善和持续深化阶段（2014年至今）

该时期中俄两国在巩固多年农业合作成果的基础上，抓住全球政治经济变局为两国农业合作带来的新契机，进一步深化两国农业在各个方面的合作，力求使农业成为两国经贸领域最具活力的部门之一。

除了推动双边经济发展这一内生性动力，国际环境的不断变化是该时期促使两国加强农业合作战略的重要外在动力。2014年乌克兰危机的爆发是俄罗斯加快实施"东转战略"的重要转折，为了缓解西方的战略挤压并打造俄罗斯经济发展的"新引擎"，俄罗斯加强了与亚太地区国家的政治经济联系。一方面俄罗斯对来自实施制裁政策的国家的农产品和食品发布进口禁令，并通过加快实施"东转战略"，发展新的农产品贸易伙伴；另一方面俄罗斯积极调整农产品进出口结构，实施进口替代政策，大力推动国内农业产业的发展。最终使俄罗斯的农业在2014年后进入一个高速发展期，农业生产规模不断扩大，不仅解决了对欧洲粮食进口依赖的问题，还让部分农产品成为俄罗斯在国际贸易市场上极具竞争优势的商品，为促进中俄农业合作发展奠定了重要基础。近年来，随着中美竞争态势的加剧，作为中美双边贸易的一个大宗商品，农产品贸易也成为中俄贸易博弈的工具。

2018年中美两国发生的贸易摩擦直接影响了全球大豆贸易格局，在美国不断对中国商品增加进口关税的过程中，中国也通过采取相同的措施进行反击，其中就包括对美国大豆加征25%的关税。中美贸易摩擦引发了社会对中国粮食安全战略的重新思考，促进农产品进口市场多元化发展成为中国农产品进口战略的关键点。总的来说，近年来不断变化的国际环境或直接或间接地加速了中俄农业合作的发展进程。

2020年全年，俄食品出口增长18%，达291亿美元，进口294亿美元，相差仅4亿美元。俄天然气工业银行经济预测中心负责人斯尼特科表示，这是历史上最接近的数值。俄农业部出口发展中心数据显示，2014年前俄食品进口平均高于出口250亿美元。近年来，进口不断下降，出口持续增长。俄出口方向明显向亚洲转移。中国是俄罗斯最主要贸易伙伴，逐年对俄放开新产品准入。近年来，俄植物油、面粉、糖果、巧克力、果汁、酒精饮料等对华出口不断增长，葵花籽油、油菜籽、禽肉及副产品、大豆油出口涨幅明显。2020年，俄首次对华出口冷冻牛肉、大豆豆粕和豆饼。杰耶夫认为，中国进口俄产品增长的主要原因是俄农产品性价比高。俄法律禁止生产转基因食品，因此中国消费者将俄农产品看作环保、安全的产品。俄中地理毗邻和物流业发展也对中俄农产品贸易起到积极的促进作用，俄远东地区基础设施的进一步建设将促进中俄贸易增长。

此外，除了俄远东与中国东北的区域合作，2014年以后区域政治经济格局的变化为两国的农业合作提供了一个更广阔的发展空间。随着中国共建"一带一路"倡议的推进，尤其是2015年丝绸之路经济带建设和欧亚经济联盟建设（简称"一带一盟"）成功对接，进一步推动了两国区域经济合作的深化发展，为推动中俄农业合作发展提供了更大助力。"一带一盟"旨在将丝绸之路经济带建设和欧亚经济联盟建设相对接，通过实现资源的优化配置，来推动地区间经济保持稳定发展，加强区域经济一体化的发展，维护地区秩序。作为两国经济合作的重要组成部分，农业合作在"一带一盟"框架下有了更广阔的发展空间。

在国际环境和区域经济格局变化的推动下，中俄两国农业合作在这一时期得到了稳定有效的发展，尤其是在农业合作政策协调上两国取得了显著的进展。《中俄农业合作备忘录》（2014）、《中华人民共和国农业部和俄罗斯联邦农业部关于进一步加强农业合作的谅解备忘录》（2017）、《冷冻禽肉和乳制品相互交付》（2018）、《中国东北地区和俄罗斯远东及贝加尔地区农业发展规划》（2018）、《关于中国允许进口俄罗斯粮食和油籽及其副产品产品名录和进口规模议定书》（2019）、《关于深化中俄大豆合作的发展规划》（2019）、《中俄总理第二十四次定期会晤联合公报》（2019）、《中华人民共和国和俄罗斯联邦关于发展新时代全面战略协作伙伴关系的联合声明》（2019）、《中华人民共和国和俄罗斯联邦关于深化新时代全面战略协作伙伴关系的联合声明》（2023）等文件的签署，是中俄在国际政治经济形势变局下为不断深化中俄农业合作而达成的协议，为两国农业合作发展奠定了坚实的政治基础。

2022年，中国与俄罗斯农产品贸易总额达到85亿美元，同比增长42.7%。其中，出口23.9亿美元，增长43.1%；进口61.1亿美元，增长43.6%。贸易逆差37.2亿美元，比上年同期扩大42.2%。2022年，中国对俄罗斯出口蔬菜及制品4亿美元，比上年同期增长7.8%，占对俄罗斯农产品出口总额的16.6%，其中，番茄制品0.8亿美元，同比增长88.4%；鲜冷大蒜0.5亿美元，同比下降4.9%。对俄出口水产品及制品3.4亿美元，比上年同期下降7.6%，占对俄农产品出口总额的14.4%，其中，鱼类产品1.6亿美元，同比下降24.1%。对俄出口水果及制品2.7亿美元，比上年同期增长36.1%，占对俄农产品出口总额的11.4%；食用菌及制品1.4亿美元，比上年同期增长9.1%，占对俄农产品出口总额的5.8%。此外，对俄出口油籽油料和粮食比上年同期分别增长153%、197.4%，肉类及制品和乳制品的出口额同比分别增长753.1%、307%。2022年，中国自俄罗斯进口水产品及制品27.6亿美元，比上年同期增长48.2%，占自俄罗斯农产品进口总额的45.2%，其中，冻鱼17.8亿美元，同比增长70.9%；蟹类7.7亿美元，同比增长15%；虾类1.2亿美元，同比增长74.6%。进口植物油12.9亿美元，比上年同期增长31.5%，占自俄农产品进口总额的21.1%。

疫情并未影响俄罗斯农产品出口，反而起到了促进作用。由于各国防疫措施对农业生产造成的影响，加上洪水、干旱和农地流失等不利因素，全球粮食产量下降、价格上涨。因此，国际市场对俄罗斯谷物、肉类、牛奶等农产品的需求持续增长。许多国家担忧疫情可能导致粮食短缺，引发对谷物、面粉和葵花籽油等产品的需求增长和价格上涨。国际粮价上涨和卢布贬值使得俄罗斯农产品更具吸引力。2020年初，俄罗斯农产品出口显现出增长潜力。从粮食到食品杂货，所有的农产品都有对华出口的潜力。中国对俄罗斯亚麻、豆类、大豆、水产品等产品的需求较高。然而，俄罗斯2020年粮食产量可能有所下降，而且政府对谷物和油籽出口实施了限制，这可能会在一定程度上影响未来俄罗斯农产品出口的增长。另外，2020年俄罗斯政府加大了对农产品出口的支持力度，从上年的297亿卢布（约合4.1亿美元）增加到473亿卢布（约合6.4亿美元）。

总之，2014年以后，在国际政治与经济复杂多变的大背景下，两国在农业领域的合作相比以往明显增多，尤其是在政策层面取得的进展。两国农业合作出于现实发展的需要，合作范围不断扩大，合作程度不断深化，相应的合作机制也在不断建立和完善。

# 3.3 本章小结

本章回顾并梳理了中国与俄罗斯农业合作的发展历程，这有助于我们对中俄农业合作关系的定位有清晰的认识，为探究中俄农业合作潜力和产业链的构建奠定基础、提供启示。中俄农业合作的历史可以追溯到中苏时期，从20世纪50年代开始，中苏农业合作经历了蜜月期、衰退期、恢复期；东欧剧变后，新成立的俄罗斯作为苏联的主体继承者，走上了发展资本主义的道路，与中国的合作进入了新的阶段。

中俄农业合作发展大致可以划分为三个阶段：第一阶段是中俄农业合作发展阶段，在20世纪90年代，中俄关系正常化后，中俄边界贸易得以恢复，但该阶段中俄农业合作主要表现为"自发"的边境互动，缺乏两国政府间的直接合作。第二个阶段是2000—2013年，是中俄农业合作持续推进的阶段，在这一阶段中俄农业合作的整体框架基本搭建形成。第三个阶段是2014年至今，两国农业合作进入不断完善和持续深化的阶段。在国际环境和区域经济格局变化的推动下，中俄两国农业合作在这一时期得到了稳定有效的长足发展，农业合作范围不断扩大，农业合作程度不断加深，相应的合作机制也在不断建立和完善，尤其是在农业合作政策协调上取得显著进展，中俄农业合作正迎来无限商机。

# 4

# 中俄农产品竞争性与产业合作耦合性评估

比较优势与互补是贸易产生、稳定的基础条件，而良性竞争又使基础更为牢固。因此，基于互补原则和比较优势的农业贸易活动促进了全球农业贸易活动参与国的农业发展和经济繁荣。但国际经贸活动是不会简单依循比较优势和互补性的，没有竞争的贸易是不存在的。因此，本章在总结中俄农业合作的基础后选取竞争和互补为分析视角，探寻中国与俄罗斯两国农产品贸易合作中的整体竞争程度和耦合性。

# 4.1 中俄农业合作的基础

## 4.1.1 中俄两国农业资源存在高度互补性

中国是世界上最大的农业国之一，拥有丰富的农业资源、巨大的市场需求和先进的农业技术。而俄罗斯则是世界上国土面积最大的国家，拥有广袤的农田、丰富的自然资源和雄厚的科研实力。中俄两国的农业资源禀赋各具特色，双方加强农业合作可以实现资源共享和优势互补。

从耕地资源看，自然资源部最新的国土调查数据显示，中国的耕地面积为1.28亿公顷，但人均耕地面积仅为0.09公顷，远低于世界平均水平[①]。而俄罗斯耕地面积约为1.2亿公顷，人均耕地面积约为0.9公顷，并拥有世界上面积最大的黑土带。中俄两国毗邻地区幅员辽阔，且气候方面存在相似性，区域优势突出，同俄罗斯开展农业合作，能有效弥补我国人均耕地资源不足的问题。

在农业生产资料方面，苏联解体后，俄罗斯农业机械化水平发展缓慢，特别是西伯利亚和远东地区地势平坦、气候严寒，其农业开发不仅机械设备需求量大，而且技术要求高。改革开放以来，中国农业机械制造业发展迅速，从农业技术推广到农业机械研发生产都积累了丰富经验。尤其是我国东北地区，已经通过机械化实现农业规模化生产，与俄罗斯在耕作技术、选种育种、农机制造等方面跨境合作具有

---

①第三次全国国土调查主要数据公报[A/OL].（2021-08-26）. http://www.mnr.gov.cn/dt/ywbb/202108/t20210826_2678340.html.

区位优势。

就农业劳动力而言，长期以来，俄罗斯的经济活动以欧洲为重点，人口主要集中在以首都莫斯科为中心的西部，远东除城市居民点外，人烟稀少，是世界上人口密度最低的地区之一。农业劳动力的严重匮乏导致远东大量土地闲置和撂荒，成为限制农业发展的突出因素。而随着城镇化的发展，中国的农村人口虽然总体上呈下降趋势，但农业劳动力过剩的问题依然存在，因此劳务合作将是中俄推进农业互联互通的重点领域。

### 4.1.2 中俄两国农产品供需呈现对接性

从俄罗斯的供给来看，农产品的生产能力和出口规模逐年提升。2014年克里米亚危机以来，俄农业发展态势良好，包括粮食在内的核心农产品产量和出口量均大幅增加。2014—2022年，俄农产品产量增长27.4%，粮食自给自足成为俄农业真正的竞争优势。农产品出口屡创新高，成为俄非能源出口最大的品类。2020年底，俄已成为农产品净出口国。2022年，俄农产品出口额达到416亿美元，是2014年的2.1倍。当前，受西方制裁影响，俄不得不重新定位农产品的国际出口市场，中国成为俄农产品出口和展开农业国际合作的优先方向。今后，随着俄战略重心的东移，其农业国际合作的重点也逐步转向亚洲市场，而中国作为全球最大的食品进口国，俄高质量农产品在中国市场有较大的增长空间。

从中国的需求来看，推动与包括俄罗斯在内的主要粮食供给国的合作，有利于我国推动农产品供应多元化，并不断提高国际农产品的议价能力，进一步保障粮食安全。目前，中国非主粮的谷物进口主要来源地集中在美国、加拿大、法国、巴西、乌克兰和澳大利亚等国，受极端天气、自然灾害、全球公共卫生事件以及地缘政治不稳定等因素影响逐渐增大，亟待做出调整与应对。在中国农业高水平开放的情况下，中俄农业资源具有高度互补性，结合区位优势进一步深化农业领域的国际合作可实现优势互补和互利共赢，有利于我国更加灵活地调控进口份额，保障粮食总量安全。同时，在当前形势下，中俄加强农业合作符合双方共同保障粮食安全的客观需要。

### 4.1.3 中俄两国发展战略展现匹配性

中俄两国在遵循《中俄睦邻友好合作条约》原则和精神的基础上，制定了一系列发展战略和行动方案，有效推动了两国政治、经济、人文等领域的合作，使双边关系达到历史最好水平，成为大国关系的典范。中俄两国发展战略的匹配为加强农业合作注入了新动力。

首先，中俄两国发展理念高度契合，对双方加强农业跨境合作建设提出了更高要求。中国是世界第一人口大国，需要稳定的粮食供应渠道以缓解国内农业生产资源和环境承载压力，大力实施农业"走出去"战略由此成为中国参与全球粮农治理，建设农业强国的重要途径。乌克兰危机爆发后，俄罗斯加速推进肉制品、牛奶、蔬菜、水果等农产品进口替代政策，其农业生产屡创历史新高。因受限于相对饱和的国内市场，近年来，俄罗斯开始积极推动农产品出口，特别是粮食出口。虽然面临的农业发展问题不同，但中国和俄罗斯的农业政策在理念上高度契合，都主张利用国际市场支撑本国农业发展。无论是中国需要通过农业"走出去"提高粮食安全水平，还是俄罗斯希望扩大农产品出口稳固经济社会发展，都体现出双方对优化农业资源配置、加强农业跨境合作的强烈诉求。

其次，中俄两国战略规划的同步推进为双方加强农业跨境合作提供了更多保障。长期以来，俄罗斯的经济战略中心始终面向欧洲，而改革开放以后中国的经济重心一直在东南沿海，俄远东和中国东北并不是各自发展的重点区域。但金融危机爆发后，国际力量对比发生变化，亚太地区成为世界经济增长的新引擎，中国崛起是无法阻挡的历史趋势。为此，俄罗斯提出成立欧亚经济联盟、"转向东方"、构建"大欧亚伙伴关系"等重大战略，"借中国之风扬俄罗斯之帆"，远东开发也由此成为俄亚太战略的重要支点。共建"一带一路"倡议是中国构建全球互联互通伙伴关系的实践抓手，俄罗斯是共建"一带一路"倡议的重要支持者和关键合作伙伴。随着"一带一盟"对接建设和"东北—远东"振兴开发合作的不断推进，中俄跨境农业合作的基础更加强固。

最后，中国和俄罗斯政府在农业方面制定了一系列支持农业发展和合作的政策与法规，为两国农业跨境合作提供支持。例如，中国政府发布了《"十四五"推进农业农村现代化规划》，着力推动农业现代化、农村产业发展和农民增收。俄罗斯政府则通过《农村支持计划》等措施，加强对农业生产、粮食安全和农民福利的支持。此外，中俄两国还在农业合作方面签订了一系列合作协议和协定。例如，中国和俄罗斯农业部于2017年签署了《中俄农业合作发展规划》和《中俄农业科技合作框架协议》，旨在进一步加强双方在农业科技创新、农产品质量安全和乡村振兴等方面的合作与交流。这些政策和法规的出台，为中俄农业合作提供了坚实的基础和保障。

### 4.1.4 中俄两国保障粮食安全意愿凸显一致性

粮食安全是国家安全的重要基础，是关系到经济稳定发展、社会长治久安的全局性重大战略问题。当前中俄两国的粮食安全状况整体良好，粮食综合生产能力稳步提高，口粮结构日益多元，供需基本平衡。但粮食安全的内涵随着生产要素及市场供求的变化而变化，作为全球粮农治理的重要参与者以及农产品国际贸易的重要伙伴，中国和俄罗斯共同且持续关注粮食安全保障问题。

一方面，传统上农业是"靠天吃饭"的领域，一个国家的粮食安全通常受其资源禀赋的约束。与美国、印度等自然禀赋极佳的国家相比，中国土地分散，人均耕地少，不利于进行大规模集约化农业生产。在主粮安全的前提下，当前中国大豆等油料作物和肉类等农产品的自主供应缺口较大。俄罗斯的土地资源丰富，但由于其纬度高，气候不适宜农作物生长，因而俄罗斯农业发展并不稳定，农产品供应波动较大，特别是果蔬类农产品产量十分有限，需要依靠大量进口。从自然条件所决定的农产品结构出发，中俄两国互为重要的农产品贸易伙伴，俄罗斯是中国水产品、油料作物的主要进口来源地，而中国的果蔬产品出口俄罗斯具有明显优势。加强中俄农业跨境合作，有利于双方扩大农产品贸易规模，从而增强共同应对粮食安全问题的能力。

另一方面，在全球经济一体化的大背景下，一个国家粮食供应的稳定性与国际市场环境息息相关。对任何国家而言，农业都是基础性产业，但全球粮食生产与人口分布并不均衡，为满足世界各地消费者的生存需求，国际粮食体系应运而生，维护粮食安全的全球治理意义也进一步凸显。近年来，受极端天气等自然灾害和重大传染病等全球性公共卫生安全危机的影响，全球粮食安全状况持续恶化。许多国家在本次疫情集中暴发之初都经历了恐慌性抢购风潮，出现了口粮供应短缺甚至混乱局面。据中国海关公布的统计数字，2021 年 1—8 月我国粮食进口量为 1.15 亿吨，同比增长 34.8%，超过 2019 年全年粮食进口量。苏联解体后俄罗斯农业经历了曲折的发展过程，有赖于近年不断加大对农业的扶持力度，俄罗斯才由粮食进口国转变为粮食出口国。在中美贸易摩擦和西方国家对俄罗斯实施制裁的背景下，中俄开展跨境农业合作，是中俄共同保障粮食安全的必然选择。农业资源的共商共建共享，有助于两国提升农产品的国际竞争力，减轻国际粮农市场行情波动带来的不利影响，从而更好地维护双方在全球粮农治理体系中的地位和利益。

## 4.2 中俄农产品出口绩效相对指数测算

出口效绩相对指标，是从出口规模、出口结构和出口部门的效率三个方面来综合反映出口部门本身的效绩。主要反映出口运行状况的优劣，并了解本国出口在世界中的相对地位。

图4-1反映了中俄两国农产品出口绩效相对指数的变化情况，可以发现，中俄两国近年来农产品对外出口运行状况总体上呈良性发展趋势，在出口规模稳步扩张的同时，出口贡献和出口效率都在不断提高，同时两国农产品出口在世界市场中的地位也在不断提升。两国农产品出口绩效相对指数都呈现增长趋势，但增幅有明显区别（见表4-1）。我国指数值由2007年的0.43增至2021年的0.52，存在小幅度上升；俄罗斯指数值上升幅度较大，由2007年的0.34增至2021年的0.76，并于2015年超越我国。说明俄罗斯农产品出口的贡献率提高速度快于我国，且在世界市场中的地位提升优于我国。

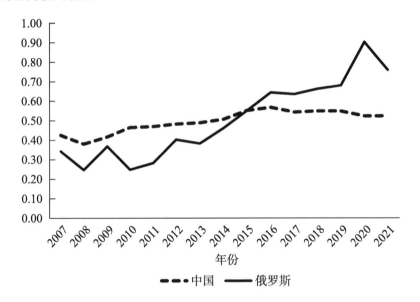

图4-1 2007—2021年中国和俄罗斯农产品出口绩效相对指数变化趋势

数据来源：根据UN comtrade数据库数据整理计算所得。

对中俄农产品分类别进行出口绩效相对指数测算并计算平均值，分别取中俄出口农产品中指数平均值排名前六的产品，如表4-1所示，可以发现，我国出口绩效相对指数较高的产品分别是HS05（动物源性产品）、HS16（肉、鱼等制品）、HS13（虫胶、树胶、树脂等）、HS07（食用蔬菜、根及块茎）、HS20（蔬菜、水果等的制品）、HS14（其他植物制品）；俄罗斯出口绩效相对较高的产品分别是HS10（谷物）、HS03（鱼类和甲壳类动物等）、HS15（动、植物油、脂等）、HS11（制粉工业产品等）、HS18（可可及其制品）、HS24（烟草及其代用品的制品）。说明上述农产品分别在中俄农产品出口中占据核心地位，也是世界农产品市场的重要组成部分。从时间顺序来看，俄罗斯的谷物类指数值呈波动上升态势，是变化幅度最大的品类，也是俄罗斯所有农产品中指数值最高的品类，说明谷物类的出口在俄罗斯及世界市场中占有极其重要的地位。

表4-1　2007—2021年中俄主要农产品出口绩效相对指数

| 年份 | 中国主要出口农产品 | | | | | | 俄罗斯主要出口农产品 | | | | | |
|---|---|---|---|---|---|---|---|---|---|---|---|---|
| | HS05 | HS16 | HS13 | HS07 | HS20 | HS14 | HS10 | HS03 | HS15 | HS11 | HS18 | HS24 |
| 2007 | 2.05 | 1.98 | 0.57 | 1.03 | 1.36 | 1.24 | 2.18 | 0.30 | 0.37 | 0.52 | 0.41 | 0.40 |
| 2008 | 2.05 | 1.70 | 0.98 | 0.96 | 1.28 | 1.19 | 1.04 | 0.22 | 0.35 | 0.57 | 0.36 | 0.42 |
| 2009 | 1.90 | 1.36 | 1.12 | 1.04 | 1.08 | 0.91 | 1.80 | 1.00 | 0.56 | 0.55 | 0.35 | 0.54 |
| 2010 | 1.82 | 1.49 | 1.09 | 1.27 | 1.12 | 0.69 | 1.07 | 1.01 | 0.32 | 0.22 | 0.26 | 0.36 |
| 2011 | 1.94 | 1.66 | 1.18 | 1.34 | 1.19 | 0.97 | 1.32 | 0.87 | 0.34 | 0.60 | 0.26 | 0.37 |
| 2012 | 1.92 | 1.67 | 0.69 | 1.04 | 1.18 | 1.11 | 1.77 | 0.92 | 0.72 | 0.29 | 0.44 | 0.54 |
| 2013 | 1.77 | 1.53 | 1.07 | 1.01 | 1.10 | 0.89 | 1.35 | 0.98 | 0.79 | 0.30 | 0.54 | 0.61 |
| 2014 | 1.69 | 1.42 | 1.22 | 0.98 | 0.99 | 0.91 | 2.19 | 0.98 | 0.87 | 0.35 | 0.50 | 0.72 |
| 2015 | 1.42 | 1.29 | 1.30 | 0.97 | 0.91 | 0.96 | 2.55 | 1.33 | 1.03 | 0.68 | 0.44 | 0.95 |
| 2016 | 1.56 | 1.35 | 1.37 | 1.13 | 0.94 | 1.00 | 3.01 | 1.48 | 1.31 | 0.71 | 0.55 | 0.91 |
| 2017 | 1.75 | 1.43 | 1.45 | 1.18 | 0.96 | 1.04 | 3.27 | 1.38 | 1.25 | 0.57 | 0.55 | 0.71 |
| 2018 | 1.71 | 1.48 | 1.43 | 1.13 | 0.95 | 1.04 | 3.91 | 1.49 | 1.20 | 0.55 | 0.55 | 0.49 |
| 2019 | 1.60 | 1.32 | 1.43 | 1.05 | 0.91 | 0.90 | 3.09 | 1.70 | 1.68 | 0.70 | 0.65 | 0.53 |
| 2020 | 1.21 | 1.17 | 1.38 | 0.85 | 0.80 | 0.85 | 3.98 | 2.22 | 2.00 | 0.90 | 0.93 | 0.67 |
| 2021 | 1.04 | 1.31 | 1.43 | 0.77 | 0.75 | 0.95 | 2.61 | 2.05 | 1.56 | 0.92 | 0.83 | 0.60 |

数据来源：根据UN comtrade数据库数据整理计算所得。

除俄罗斯谷物类产品外，两国其他品类指数值随时间的推移存在小幅度波动，基本处于稳定状态。另外，我国与俄罗斯出口绩效相对指数最高的六种农产品分属于不同的类别，不存在HS编码重叠的现象。具体来说，我国肉制品、水果蔬菜具有很强出口贡献率，而俄罗斯出口贡献率较大的农产品主要是谷物、水产品、油脂和烟草类。因此，中俄双方会以出口绩效为依托，对贡献率高的农产品予以重视并不断提高其出口竞争能力，长此以往两国会在出口绩效相对指数差异的基础上逐渐建立起互补的农产品对外出口结构，为发展产业间贸易奠定良好基础。

# 4.3 中俄农产品竞争性与互补性指数测算

## 4.3.1 中国与俄罗斯农产品竞争性

为了衡量中俄农产品的竞争优势，本书引入显性比较优势指数（Revealed Comparative Advantage Index，RCA），通常用于衡量一国商品在世界贸易市场上的比较优势，其公式为：

$$RCA_{xi}^k = \frac{X_{ik}/X_i}{X_{wk}/X_w} \qquad \text{式（4–1）}$$

其中，$RCA_{xi}^k$ 是指 $i$ 国在 $k$ 类商品出口上的显性比较优势指数，其中 $X_{ik}$ 指 $i$ 国 $k$ 类商品的出口总额，$X_i$ 指 $i$ 国所有商品的出口总额，$X_{wk}$ 指世界对 $k$ 商品的出口总额，$X_w$ 指世界所有商品的出口总额。通常 RCA 数值越大，说明竞争优势越强；若 RCA 指数大于 2.5，则表示具有极强出口竞争力；若 RCA 数值在 1.25～2.5，则表示具有较强出口竞争力；若 RCA 数值在 0.8～1.25，则表示具有中等出口竞争力；若 RCA 数值小于 0.8，则表示具有较弱出口竞争力。通过计算，中国与俄罗斯农产品比较优势指数如表 4–2 所示，总体来看中国农产品比较优势指数表现较为平稳，但呈现下降趋势，俄罗斯农产品比较优势指数呈连年上升趋势，且水产品、谷物、坚果等农产品比较优势增长明显。从具体农产品的角度来看，2010—2020 年，中国的 HS03（鱼类和甲壳类动物等）、HS07（食用蔬菜、根及块茎）、HS20（蔬菜、水果等的制品）的 RCA 指数多数年份保持在 0.80～1.25，说明这些农产品在国际中具有中等出口竞争力；HS16（肉、鱼等制品）的 RCA 指数多数年份维持在 1.5 左右，但近几年有下降趋势；HS05（其他动物源性产品）的 RCA 指数多数年份大于 1.5，这两类农产品具有较强的出口竞争力；HS13（虫胶、树胶、树脂等）的 RCA 指数连年上升，2020 年达到 1.46，说明该类产品的竞争优势由中等出口竞争力变为有较强出口竞争力。

表4-2 中国与俄罗斯农产品比较优势指数

| HS编码 | 中国出口俄罗斯农产品RCA指数 | | | | | 俄罗斯出口中国农产品RCA指数 | | | | |
|---|---|---|---|---|---|---|---|---|---|---|
| | 2010年 | 2013年 | 2016年 | 2018年 | 2020年 | 2010年 | 2013年 | 2016年 | 2018年 | 2020年 |
| 01 | 0.23 | 0.21 | 0.24 | 0.19 | 0.20 | 0.01 | 0.03 | 0.07 | 0.09 | 0.14 |
| 02 | 0.09 | 0.06 | 0.06 | 0.05 | 0.04 | 0.01 | 0.03 | 0.12 | 0.18 | 0.35 |
| 03 | 1.01 | 1.02 | 0.94 | 0.87 | 0.70 | 1.06 | 0.99 | 1.66 | 1.72 | 2.37 |
| 04 | 0.05 | 0.05 | 0.06 | 0.05 | 0.05 | 0.06 | 0.12 | 0.18 | 0.14 | 0.18 |
| 05 | 1.76 | 1.71 | 1.51 | 1.66 | 1.27 | 0.12 | 0.27 | 0.51 | 0.42 | 0.52 |
| 06 | 0.1 | 0.1 | 0.13 | 0.13 | 0.15 | 0.00 | 0.00 | 0.00 | 0.00 | 0.01 |
| 07 | 1.23 | 0.98 | 1.11 | 1.12 | 1.01 | 0.04 | 0.13 | 0.40 | 0.28 | 0.37 |
| 08 | 0.34 | 0.35 | 0.37 | 0.35 | 0.41 | 0.01 | 0.03 | 0.04 | 0.05 | 0.06 |
| 09 | 0.41 | 0.42 | 0.47 | 0.61 | 0.56 | 0.08 | 0.13 | 0.18 | 0.19 | 0.21 |
| 10 | 0.06 | 0.03 | 0.03 | 0.06 | 0.06 | 1.13 | 1.35 | 3.39 | 4.44 | 4.20 |
| 11 | 0.35 | 0.26 | 0.24 | 0.31 | 0.24 | 0.23 | 0.30 | 0.81 | 0.65 | 0.98 |
| 12 | 0.28 | 0.24 | 0.22 | 0.20 | 0.18 | 0.05 | 0.12 | 0.34 | 0.36 | 0.81 |
| 13 | 1.08 | 1.13 | 1.47 | 1.42 | 1.46 | 0.01 | 0.02 | 0.08 | 0.07 | 0.07 |
| 14 | 0.66 | 0.86 | 1.02 | 1.05 | 0.95 | 0.28 | 0.48 | 0.63 | 0.49 | 0.84 |
| 15 | 0.04 | 0.05 | 0.05 | 0.09 | 0.10 | 0.35 | 0.79 | 1.50 | 1.38 | 2.13 |
| 16 | 1.47 | 1.51 | 1.31 | 1.43 | 1.21 | 0.08 | 0.15 | 0.18 | 0.51 | 0.24 |
| 17 | 0.22 | 0.24 | 0.28 | 0.33 | 0.29 | 0.09 | 0.19 | 0.33 | 0.48 | 0.97 |
| 18 | 0.05 | 0.07 | 0.07 | 0.07 | 0.06 | 0.27 | 0.53 | 0.60 | 0.67 | 1.02 |
| 19 | 0.22 | 0.19 | 0.17 | 0.18 | 0.18 | 0.15 | 0.31 | 0.46 | 0.36 | 0.53 |
| 20 | 1.07 | 1.06 | 0.91 | 0.89 | 0.86 | 0.04 | 0.14 | 0.22 | 0.21 | 0.37 |
| 21 | 0.30 | 0.32 | 0.36 | 0.35 | 0.38 | 0.20 | 0.34 | 0.68 | 0.41 | 0.54 |
| 22 | 0.10 | 0.10 | 0.15 | 0.14 | 0.12 | 0.13 | 0.18 | 0.25 | 0.21 | 0.30 |
| 23 | 0.32 | 0.28 | 0.29 | 0.29 | 0.25 | 0.22 | 0.45 | 0.81 | 0.65 | 0.96 |
| 24 | 0.27 | 0.24 | 0.25 | 0.24 | 0.13 | 0.37 | 0.58 | 1.01 | 0.56 | 0.72 |

数据来源：根据UN comtrade数据库数据整理计算所得。

俄罗斯的HS03（鱼类和甲壳类动物等）近10年的竞争力均保持稳定增长，其RCA值2020年增长至2.37，从中等出口竞争力发展为极强出口竞争力；HS10（谷物）同样呈现增长趋势，从2010年的1.13增长至2020年的4.20，展现出极强出口竞争力；HS15（动、植物油、脂等）的RCA值从2010年的0.35快速增长，十年间增至2.13，随着俄罗斯农业的发展从较弱出口竞争力发展成具有较强出口竞争力的品类；HS17（糖及制品）、HS18（可可及其制品）的RCA指数也增长迅速，从较弱的出口竞争力发展成中等出口竞争力，由此可见，近些年俄罗斯农业快速发展，不少农产品的出口竞争力快速提高，也为中国与俄罗斯的农业合作奠定了基础。总体来看，俄罗斯农产品比较优势指数大于中国，并且俄罗斯农产品比较优势呈上升趋势，而中国农产品比较优势呈下降趋势，中国与俄罗斯农产品具有比较优势的产品种类各有不同，两国农产品竞争性较弱。

### 4.3.2 中国与俄罗斯农产品互补性

为了考察并分析中国与俄罗斯贸易互补性，本节采用贸易互补性指数（TCI）进行分析，贸易互补性指数（TCI）是通过显性比较优势指数和显性比较劣势指数计算得来的，可以用来衡量国家或地区之间贸易互补的程度，计算公式如下：

$$C_{ij}^k = RCA_{xj}^k \times RCA_{mj}^k \qquad \text{式（4-2）}$$

其中 $C_{ij}^k$ 为中国与俄罗斯具体农产品贸易互补性指数，其值大于1表明中国与俄罗斯农产品互补性较强，其值小于1表明中国与俄罗斯互补性较弱。$RCA_{xj}^k$ 表示 $j$ 国某类产品的出口比较优势指数，$RCA_{mj}^k$ 表示 $j$ 国某类产品的进口比较劣势指数。其中：

$$RCA_{mj}^k = \frac{M_{jk}\big/M_j}{M_{wk}\big/M_w} \qquad \text{式（4-3）}$$

$M_{jk}$ 表示 $j$ 国 $k$ 类产品进口总额，$M_j$ 表示 $j$ 国所有产品的进口额，$M_{wk}$ 表示世界 $k$ 类产品进口总额，$M_w$ 表示世界所有商品的进口总额。

通过计算得出中国与俄罗斯农产品互补性指数如表4-3所示，总体上看，中国与俄罗斯农产品贸易的互补性不断增强，而且涉及的种类较多，相对稳定。从中国农产品出口与俄罗斯进口互补性指数测算结果来看，中国出口HS07（食用蔬菜、根及块茎）、HS08（食用水果及坚果）、HS09（咖啡、茶及调味香料）产品与俄罗斯进口的互补性指数始终大于1保持较强的互补性；HS13（虫胶、树胶、树脂等）产品TCI指数连年上升，至2020年达到3.42，展示出很强的互补性；HS16（肉、鱼等制品）、HS20（蔬菜、水果等的制品）的产品同样具有明显的互补性。

从俄罗斯农产品出口与中国进口互补性指数测算角度分析，俄罗斯出口HS03（鱼类和甲壳类动物等）、HS12（油子仁、药用植物等）、HS15（动、植物油、脂等）产品与中国进口互补性呈现上升趋势且日益稳定已经发展成具有较强互补性；同时，随着俄罗斯水产品、油料、植物油的比较优势提升，出口占比增加；HS10（谷物）产品的TCI指数从2010年的0.22升至2020年的4.48，十年间谷物出口额迅速增长并具备很强的出口互补性。

从农产品的分类角度来看，中国蔬菜出口与俄罗斯进口具有较高的互补性，指数均大于1.5。蔬菜水果对于种植条件有较高的要求，俄罗斯由于地理位置的限制，大多需要依赖进口，而中国正是因为资源禀赋优越，是蔬菜和水果贸易大国，其生产质量与数量较高，这就决定了中国水果和蔬菜出口与俄罗斯进口的强互补性。中国水产品出口与俄罗斯进口的贸易互补性小于1，主要原因是俄罗斯近年来发展水产品产业，在实现自给自足的基础上扩大出口，进口量逐渐下降。俄罗斯水产品、油料、植物油出口与中国进口的互补性指数总体呈现增长趋势。这是因为随着中国居民饮食结构不断优化，中国消费者更加追求多样化且营养均衡的食物，中国水产品、油料、植物油进口总量不断增加。根据上述分析，劳动密集型及区域差异性产品如谷物、坚果等，是中国进口与俄罗斯出口存在互补性的农产品。土地密集型产品和资源密集型产品如蔬菜、水果等，是中国出口与俄罗斯进口存在互补性的农产品。这表明中俄农产品贸易存在很强的互补性，双方农产品贸易有很大的发展空间。

表4-3 中国与俄罗斯农产品互补性指数

| HS编码 | 中国农产品TCI指数 | | | | | 俄罗斯农产品TCI指数 | | | | |
|---|---|---|---|---|---|---|---|---|---|---|
| | 2010年 | 2013年 | 2016年 | 2018年 | 2020年 | 2010年 | 2013年 | 2016年 | 2018年 | 2020年 |
| 01 | 0.27 | 0.23 | 0.14 | 0.20 | 0.05 | 0.00 | 0.01 | 0.01 | 0.02 | 0.00 |
| 02 | 0.41 | 0.22 | 0.09 | 0.07 | 0.08 | 0.00 | 0.02 | 0.11 | 0.15 | 0.02 |
| 03 | 1.62 | 1.62 | 0.90 | 1.05 | 0.69 | 0.56 | 0.56 | 1.03 | 1.36 | 1.40 |
| 04 | 0.11 | 0.13 | 0.13 | 0.11 | 0.04 | 0.02 | 0.07 | 0.08 | 0.08 | 0.01 |
| 05 | 2.22 | 0.95 | 0.66 | 1.24 | 0.92 | 0.07 | 0.13 | 0.31 | 0.26 | 0.08 |
| 06 | 0.30 | 0.28 | 0.39 | 0.30 | 0.02 | 0.00 | 0.00 | 0.00 | 0.00 | 0.00 |
| 07 | 3.32 | 2.35 | 1.62 | 2.49 | 2.32 | 0.01 | 0.05 | 0.1 | 0.08 | 0.01 |
| 08 | 1.53 | 1.19 | 0.88 | 1.10 | 1.21 | 0.00 | 0.01 | 0.02 | 0.03 | 0.00 |
| 09 | 0.76 | 0.69 | 0.84 | 1.20 | 1.31 | 0.00 | 0.00 | 0.02 | 0.00 | 0.00 |
| 10 | 0.01 | 0.01 | 0.01 | 0.02 | 0.05 | 0.22 | 0.55 | 1.94 | 2.31 | 4.48 |
| 11 | 0.20 | 0.16 | 0.14 | 0.15 | 0.18 | 0.08 | 0.13 | 0.43 | 0.34 | 0.15 |
| 12 | 0.26 | 0.17 | 0.28 | 0.27 | 0.69 | 0.19 | 0.47 | 1.33 | 1.26 | 1.68 |
| 13 | 1.92 | 1.16 | 3.04 | 3.28 | 3.42 | 0.00 | 0.01 | 0.03 | 0.02 | 0.00 |
| 14 | 0.15 | 0.13 | 0.29 | 0.32 | 0.73 | 0.66 | 0.79 | 1.08 | 0.49 | 0.53 |
| 15 | 0.05 | 0.04 | 0.05 | 0.10 | 0.11 | 0.42 | 0.82 | 1.20 | 1.14 | 1.37 |
| 16 | 0.90 | 1.34 | 0.87 | 1.18 | 1.25 | 0.00 | 0.01 | 0.01 | 0.13 | 0.00 |
| 17 | 0.54 | 0.18 | 0.24 | 0.27 | 0.18 | 0.00 | 0.09 | 0.11 | 0.15 | 0.02 |
| 18 | 0.12 | 0.13 | 0.10 | 0.12 | 0.01 | 0.03 | 0.08 | 0.08 | 0.09 | 0.01 |

| HS编码 | 中国农产品TCI指数 | | | | | 俄罗斯农产品TCI指数 | | | | |
|---|---|---|---|---|---|---|---|---|---|---|
| | 2010年 | 2013年 | 2016年 | 2018年 | 2020年 | 2010年 | 2013年 | 2016年 | 2018年 | 2020年 |
| 19 | 0.22 | 0.22 | 0.13 | 0.19 | 0.16 | 0.04 | 0.13 | 0.32 | 0.28 | 0.09 |
| 20 | 2.19 | 1.66 | 1.29 | 1.30 | 1.34 | 0.00 | 0.02 | 0.04 | 0.04 | 0.00 |
| 21 | 0.62 | 0.52 | 0.72 | 0.50 | 0.62 | 0.03 | 0.06 | 0.22 | 0.16 | 0.04 |
| 22 | 0.18 | 0.17 | 0.19 | 0.24 | 0.15 | 0.03 | 0.05 | 0.11 | 0.10 | 0.01 |
| 23 | 0.36 | 0.27 | 0.24 | 0.28 | 0.13 | 0.13 | 0.19 | 0.34 | 0.28 | 0.10 |
| 24 | 0.59 | 0.40 | 0.51 | 0.40 | 0.43 | 0.08 | 0.18 | 0.40 | 0.19 | 0.08 |

数据来源：根据UN comtrade数据库数据整理计算所得。

## 4.4　中俄农产品贸易专业化指数测算

　　贸易专业化指数用来衡量一国某产品的国际竞争力，也可以用来比较不同国家之间同种产品的竞争力，是一个国家某类产品的进出口贸易差额与该国该类产品的进出口贸易总额之比，表明该国是某类产品的净出（进）口国以及净出（进）口的相对规模。如果TSC指数大于零，表明该类商品具有较强的国际竞争力，越接近于1，竞争力越强；TSC指数小于零，则表明该类商品不具国际竞争力；TSC指数为零，表明此类商品为产业内贸易，竞争力与国际水平相当。2007—2021年中俄农产品TSC指数变化趋势见图4-2。

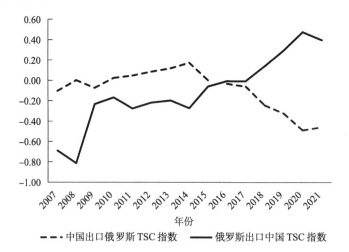

图4-2　2007—2021年中俄农产品TSC指数变化趋势

数据来源：根据UN comtrade数据库数据整理计算所得。

由图4-2可得，中俄两国农产品贸易地位发生了较大变化。两国农产品TSC指数发展趋势可分为两个阶段：第一阶段为2016年之前，我国以净出口为主而俄罗斯以净进口为主，但TSC指数最高仅为0.17，说明此阶段我国农产品在俄罗斯市场具有较低的竞争优势；第二阶段为2016年之后，俄罗斯实现了农产品TSC指数的反超且最高值达到0.48，表明这一阶段俄罗斯农产品在我国市场有较强的竞争优势，相反我国农产品的出口优势逐渐消失。具体来看，我国以2014年为分界点，2014年之前农产品TSC指数大致呈上升趋势，数值由负转正实现了农产品对俄由净进口到净出口的变化过程；2014年以后农产品TSC指数不断下滑并于2015年之后再次下降到负值，说明近几年我国农产品对俄出口竞争力不断下降，实现了由净出口到净进口的转变。俄罗斯农产品TSC指数以较快的速度保持增长，实现了农产品对我国由净进口国向净出口国的转变，说明俄罗斯农产品在我国的竞争优势在不断积累。

为进一步了解中俄不同种类农产品贸易状况，现对两国农产品分类别进行TSC测算，选取双方指数最高的前六类农产品，如表4-4所示。

表4-4 2007—2021年中俄主要农产品贸易专业化指数

| 年份 | 中国 | | | | | | 俄罗斯 | | | | | |
|------|------|------|------|------|------|------|------|------|------|------|------|------|
| | HS13 | HS20 | HS09 | HS07 | HS16 | HS17 | HS05 | HS01 | HS03 | HS04 | HS15 | HS10 |
| 2007 | 1.00 | 1.00 | 1.00 | 0.98 | 0.97 | 1.00 | 0.91 | 1.00 | 0.01 | 1.00 | −1.00 | −1.00 |
| 2008 | 1.00 | 1.00 | 1.00 | 0.99 | 0.99 | 1.00 | 0.97 | 0.93 | −0.24 | −0.89 | −1.00 | −1.00 |
| 2009 | 1.00 | 1.00 | 1.00 | 0.99 | 1.00 | 1.00 | 0.93 | 1.00 | 0.59 | −0.63 | −0.99 | −0.98 |
| 2010 | 1.00 | 1.00 | 1.00 | 0.99 | 0.99 | 1.00 | 0.99 | 0.98 | 0.65 | −1.00 | −0.99 | −0.98 |
| 2011 | 1.00 | 1.00 | 1.00 | 0.99 | 0.99 | 1.00 | 0.98 | 0.99 | 0.59 | −0.97 | −0.84 | −1.00 |
| 2012 | 1.00 | 1.00 | 0.99 | 0.98 | 1.00 | 1.00 | 0.96 | 0.88 | 0.61 | −0.98 | −0.36 | −0.58 |
| 2013 | 1.00 | 1.00 | 1.00 | 0.99 | 1.00 | 1.00 | 0.99 | 0.97 | 0.59 | −0.09 | 0.19 | −0.53 |
| 2014 | 1.00 | 1.00 | 1.00 | 1.00 | 1.00 | 0.99 | 0.99 | 0.98 | 0.50 | 0.71 | 0.47 | 0.14 |
| 2015 | 1.00 | 1.00 | 1.00 | 1.00 | 0.99 | 0.97 | 0.99 | 0.97 | 0.71 | 1.00 | 0.90 | 0.80 |
| 2016 | 1.00 | 1.00 | 1.00 | 0.99 | 0.98 | 0.96 | 0.98 | 0.98 | 0.65 | 1.00 | 0.94 | 0.75 |
| 2017 | 1.00 | 1.00 | 1.00 | 1.00 | 0.98 | 0.93 | 0.95 | 0.98 | 0.64 | 0.96 | 0.96 | 0.45 |
| 2018 | 1.00 | 1.00 | 1.00 | 1.00 | 0.98 | 0.88 | 0.99 | 0.94 | 0.70 | 0.99 | 0.96 | 0.81 |
| 2019 | 1.00 | 0.99 | 1.00 | 1.00 | 0.98 | 0.93 | 0.99 | 0.50 | 0.73 | 0.97 | 0.98 | 0.74 |
| 2020 | 1.00 | 1.00 | 0.99 | 1.00 | 0.97 | 0.91 | 0.97 | −0.70 | 0.79 | 0.95 | 0.99 | 0.88 |
| 2021 | 1.00 | 0.99 | 0.98 | 1.00 | 0.92 | 0.78 | 0.94 | 0.10 | 0.67 | 0.93 | 0.98 | 0.95 |

数据来源：根据UN comtrade数据库数据整理计算所得。

对比中俄前六类农产品TSC指数，我国农产品指数均为正值且数值高于俄罗斯。表明虽然近几年总体上我国农产品对俄出口竞争优势逐步消退，但个别优势产业的竞争力不容小觑。我国出口俄罗斯的农产品中，TSC指数最高的前六类农产品分别是HS13（虫胶、树胶、树脂等）、HS20（蔬菜、水果等的制品）、HS09（咖啡、茶及调味香料）、HS07（食用蔬菜、根及块茎）、HS16（肉、鱼等制品）、HS17（糖及其制品）。除个别年份TSC指数存在极小幅度的波动外，基本稳定在1附近，说明水果、蔬菜、肉制品及水产品等是我国的优势产业，在俄罗斯市场具有很强的竞争力。俄罗斯出口我国的农产品中TSC指数排名前六的农产品分别是HS05（动物源性产品）、HS01（活体动物）、HS03（鱼类和甲壳类动物等）、HS04（乳品、蛋品等）、HS15（动、植物油、脂等）、HS10（谷物）。说明俄罗斯肉制品、水产品、谷物等对于我国有较强出口竞争能力。其中HS05、HS03章产品指数值随时间波动幅度不大，整体呈现稳定状态，前者数值介于0.9和1之间，后者2009年之后数值保持在0.5～0.8，说明动物产品是俄罗斯在我国竞争力最强的产品，水产品次之。HS01章产品指数值呈现下降的趋势，由2007年的1下降到2021年的0.1，说明此类产品在我国市场的竞争优势逐渐消失，正在经历由净出口到净进口的转变。相反，HS04、HS15、HS10章产品指数值随着时间的推移由负转正并于2021年都达到0.9以上，说明乳制品、动植物油脂以及谷物类在我国市场的竞争力不断发展壮大，虽然某些农产品在我国市场优势消失，但有新兴产业源源不断地建立优势并进入我国市场。

## 4.5　中俄农产品贸易结合度指数测算

中俄之间的农产品贸易密切程度可用贸易结合度指数衡量。贸易结合度是指一国对某一贸易伙伴国的出口占该国出口总额的比重，与该贸易伙伴国进口总额占世界进口总额的比重之比，是用来衡量两国在贸易方面相互依存度的综合性指标。其数值越大，表明两国在贸易方面的联系越紧密，若指数值大于1则表明两国在贸易方面联系紧密，反之数值小于1表明两国在贸易方面的联系松散。

图4-3为2007—2021年我国与俄罗斯农产品贸易结合度指数变化趋势图。从中国对俄罗斯的农产品贸易角度来看，贸易结合度指数总体较高并保持在1～1.4，于2016年达到历史最高值1.41，近四年数值有下降的趋势，但最小值也保持在1附近。说明我国农产品对俄罗斯市场有着很强的出口依赖性。从俄罗斯对我国的农产品贸易角度来看，贸易结合度指数整体趋于平稳且整体偏低，说明我国对俄罗斯的农产品进口依赖度并不高。因此，总体来说，对于我国而言，中俄农产品贸易依存度高，

贸易联系紧密；对于俄罗斯而言，中俄农产品贸易依存度偏低，贸易联系比较松散。

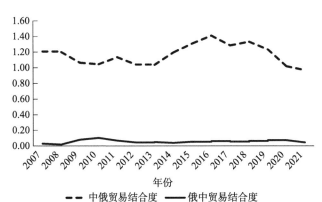

**图4-3 2007—2021年农产品贸易结合度指数**

*数据来源：根据UN comtrade数据库数据整理计算所得。*

为进一步探究两国农业产业的耦合性，现对2007—2021年中俄农产品分类别进行贸易结合度指数测算，结果如表4-5到表4-8所示。

**表4-5 2007—2021年中国对俄罗斯农产品分类别贸易结合度指数（1）**

| 年份 | HS01 | HS02 | HS03 | HS04 | HS05 | HS06 | HS07 | HS08 | HS09 | HS10 | HS11 | HS12 |
|------|------|------|------|------|------|------|------|------|------|------|------|------|
| 2007 | 0.00 | 0.14 | 0.57 | 0.12 | 0.09 | 0.13 | 1.07 | 1.98 | 1.33 | 0.84 | 2.46 | 2.54 |
| 2008 | 0.00 | 0.08 | 0.56 | 0.02 | 0.10 | 0.22 | 1.15 | 1.95 | 1.08 | 4.16 | 2.21 | 2.49 |
| 2009 | 0.00 | 0.25 | 0.95 | 0.10 | 0.05 | 0.13 | 1.02 | 1.60 | 1.01 | 7.70 | 0.46 | 1.29 |
| 2010 | 0.00 | 0.09 | 0.82 | 0.07 | 0.09 | 0.12 | 0.84 | 1.39 | 1.09 | 7.59 | 0.62 | 1.46 |
| 2011 | 0.00 | 0.00 | 0.76 | 0.13 | 0.11 | 0.16 | 0.71 | 1.19 | 1.20 | 7.72 | 0.67 | 1.83 |
| 2012 | 0.00 | 0.15 | 0.72 | 0.03 | 0.12 | 0.12 | 0.79 | 1.16 | 1.09 | 1.41 | 1.22 | 1.00 |
| 2013 | 0.00 | 0.08 | 0.76 | 0.02 | 0.09 | 0.09 | 0.73 | 1.24 | 0.91 | 1.43 | 0.41 | 0.94 |
| 2014 | 0.01 | 0.50 | 0.83 | 0.05 | 0.13 | 0.04 | 0.92 | 1.52 | 0.88 | 2.92 | 0.21 | 0.80 |
| 2015 | 0.01 | 0.66 | 0.72 | 0.00 | 0.18 | 0.04 | 1.35 | 1.88 | 0.76 | 2.27 | 0.23 | 0.60 |
| 2016 | 0.01 | 0.13 | 1.16 | 0.00 | 0.18 | 0.05 | 1.72 | 2.19 | 0.75 | 1.67 | 0.24 | 0.51 |
| 2017 | 0.01 | 0.15 | 1.09 | 0.01 | 0.11 | 0.05 | 1.47 | 1.87 | 0.80 | 1.30 | 0.16 | 0.47 |
| 2018 | 0.01 | 0.10 | 1.09 | 0.01 | 0.07 | 0.12 | 1.23 | 2.09 | 0.77 | 1.17 | 0.11 | 0.56 |
| 2019 | 0.04 | 0.20 | 1.23 | 0.00 | 0.07 | 0.09 | 1.39 | 1.35 | 0.73 | 1.86 | 0.11 | 0.74 |
| 2020 | 0.03 | 0.11 | 1.03 | 0.00 | 0.05 | 0.07 | 1.44 | 0.33 | 0.74 | 1.34 | 0.15 | 0.88 |
| 2021 | 0.07 | 0.10 | 1.07 | 0.01 | 0.07 | 0.06 | 1.44 | 0.38 | 0.69 | 1.32 | 0.35 | 1.08 |

*数据来源：根据UN comtrade数据库数据整理计算所得。*

表4-6　2007—2021年中国对俄罗斯农产品分类别贸易结合度指数（2）

| 年份 | HS13 | HS14 | HS15 | HS16 | HS17 | HS18 | HS19 | HS20 | HS21 | HS22 | HS23 | HS24 |
|------|------|------|------|------|------|------|------|------|------|------|------|------|
| 2007 | 1.13 | 0.32 | 0.34 | 4.60 | 0.51 | 0.44 | 1.26 | 2.50 | 1.04 | 0.24 | 0.11 | 0.34 |
| 2008 | 0.58 | 0.32 | 0.36 | 4.76 | 0.71 | 0.35 | 0.70 | 1.93 | 1.13 | 0.30 | 0.23 | 0.36 |
| 2009 | 0.72 | 0.68 | 0.68 | 3.54 | 1.05 | 0.50 | 0.37 | 1.84 | 0.89 | 0.32 | 0.18 | 0.41 |
| 2010 | 0.88 | 0.54 | 0.75 | 3.79 | 0.84 | 0.74 | 0.92 | 1.83 | 0.90 | 0.30 | 0.57 | 0.39 |
| 2011 | 0.97 | 1.33 | 1.02 | 3.42 | 0.88 | 0.30 | 3.39 | 2.15 | 0.97 | 0.30 | 0.75 | 0.57 |
| 2012 | 1.83 | 1.25 | 1.08 | 2.86 | 2.53 | 0.31 | 0.60 | 1.86 | 1.13 | 0.31 | 0.81 | 0.42 |
| 2013 | 1.25 | 2.15 | 0.81 | 2.61 | 2.56 | 0.13 | 0.59 | 1.79 | 1.35 | 0.29 | 1.01 | 0.36 |
| 2014 | 1.64 | 1.99 | 0.69 | 2.73 | 1.71 | 0.67 | 0.64 | 2.08 | 1.42 | 0.18 | 1.09 | 0.25 |
| 2015 | 1.43 | 1.36 | 0.55 | 3.34 | 1.53 | 0.11 | 0.74 | 2.13 | 1.39 | 0.18 | 1.41 | 0.17 |
| 2016 | 1.28 | 1.62 | 0.56 | 2.86 | 1.68 | 0.45 | 1.27 | 2.35 | 0.81 | 0.16 | 1.54 | 0.21 |
| 2017 | 1.40 | 1.10 | 0.44 | 2.33 | 2.37 | 0.24 | 0.91 | 1.97 | 0.69 | 0.22 | 2.01 | 0.13 |
| 2018 | 1.36 | 1.38 | 0.42 | 2.21 | 1.93 | 0.22 | 0.84 | 1.94 | 1.04 | 0.24 | 1.59 | 0.20 |
| 2019 | 1.37 | 2.37 | 0.31 | 1.80 | 1.87 | 0.21 | 1.00 | 2.09 | 0.89 | 0.30 | 1.48 | 0.25 |
| 2020 | 1.50 | 1.93 | 0.27 | 1.28 | 2.18 | 0.40 | 1.21 | 2.26 | 0.75 | 0.32 | 1.21 | 0.15 |
| 2021 | 1.36 | 1.48 | 0.13 | 0.88 | 2.26 | 0.33 | 1.09 | 1.98 | 0.70 | 0.24 | 0.96 | 0.37 |

数据来源：根据UN comtrade数据库数据整理计算所得。

表4-7　2007—2021年俄罗斯对中国农产品分类别贸易结合度指数（1）

| 年份 | HS01 | HS02 | HS03 | HS04 | HS05 | HS06 | HS07 | HS08 | HS09 | HS10 | HS11 | HS12 |
|------|------|------|------|------|------|------|------|------|------|------|------|------|
| 2007 | 5.45 | 0.07 | 7.65 | 0.06 | 2.52 | 1.18 | 0.86 | 14.36 | 0.00 | 0.00 | 0.08 | 0.04 |
| 2008 | 10.02 | 0.02 | 5.98 | 0.00 | 4.71 | 0.00 | 1.05 | 3.53 | 0.00 | 0.00 | 0.07 | 0.03 |
| 2009 | 1.37 | 0.00 | 8.25 | 0.00 | 1.95 | 4.21 | 0.33 | 9.56 | 0.00 | 0.00 | 0.05 | 0.02 |
| 2010 | 26.04 | 0.07 | 8.01 | 0.00 | 2.14 | 37.59 | 0.64 | 7.00 | 0.00 | 0.00 | 0.08 | 0.01 |
| 2011 | 21.82 | 0.33 | 7.05 | 0.00 | 3.10 | 25.81 | 0.21 | 1.57 | 0.00 | 0.00 | 0.05 | 0.02 |
| 2012 | 4.95 | 0.00 | 6.56 | 0.00 | 2.30 | 38.37 | 0.10 | 6.78 | 0.01 | 0.00 | 0.32 | 0.14 |
| 2013 | 13.41 | 0.00 | 6.06 | 0.02 | 3.50 | 7.04 | 0.14 | 2.73 | 0.00 | 0.01 | 0.49 | 0.12 |
| 2014 | 7.12 | 0.00 | 5.23 | 0.07 | 3.49 | 0.00 | 0.04 | 3.70 | 0.03 | 0.02 | 0.43 | 0.19 |
| 2015 | 5.92 | 0.00 | 5.39 | 0.62 | 2.75 | 0.03 | 0.05 | 2.73 | 0.25 | 0.03 | 0.63 | 0.76 |
| 2016 | 15.79 | 0.00 | 5.20 | 0.39 | 2.55 | 0.00 | 0.16 | 2.14 | 0.22 | 0.04 | 1.45 | 0.68 |
| 2017 | 8.37 | 0.00 | 4.42 | 0.21 | 0.95 | 0.00 | 0.08 | 1.69 | 0.46 | 0.01 | 2.63 | 0.70 |
| 2018 | 2.95 | 0.00 | 3.71 | 0.17 | 2.26 | 0.00 | 0.06 | 1.53 | 0.26 | 0.05 | 1.81 | 1.10 |
| 2019 | 0.97 | 1.66 | 2.90 | 0.20 | 2.63 | 0.00 | 0.09 | 0.59 | 0.26 | 0.09 | 2.13 | 0.90 |
| 2020 | 0.02 | 1.59 | 3.02 | 0.12 | 1.01 | 0.14 | 0.03 | 0.55 | 0.20 | 0.06 | 1.15 | 0.85 |
| 2021 | 0.01 | 1.46 | 1.57 | 0.09 | 0.91 | 0.66 | 0.01 | 0.32 | 0.29 | 0.07 | 0.12 | 0.95 |

数据来源：根据UN comtrade数据库数据整理计算所得。

表4-8　2007—2021年俄罗斯对中国农产品分类别贸易结合度指数（2）

| 年份 | HS13 | HS14 | HS15 | HS16 | HS17 | HS18 | HS19 | HS20 | HS21 | HS22 | HS23 | HS24 |
|------|------|------|------|------|------|------|------|------|------|------|------|------|
| 2007 | 3.44 | 0.00 | 0.00 | 1.42 | 0.00 | 0.12 | 0.04 | 0.28 | 0.01 | 0.42 | 0.03 | 0.00 |
| 2008 | 0.00 | 0.00 | 0.00 | 0.98 | 0.00 | 0.01 | 0.01 | 0.07 | 0.01 | 0.38 | 0.00 | 0.00 |
| 2009 | 0.00 | 0.00 | 0.00 | 1.42 | 0.00 | 0.01 | 0.01 | 0.08 | 0.02 | 0.30 | 3.20 | 0.00 |
| 2010 | 0.00 | 0.32 | 0.00 | 0.18 | 0.00 | 0.02 | 0.00 | 0.20 | 0.01 | 0.32 | 2.67 | 0.00 |
| 2011 | 0.00 | 0.00 | 0.00 | 0.34 | 0.00 | 0.02 | 0.00 | 1.43 | 0.04 | 0.23 | 0.47 | 0.00 |
| 2012 | 0.00 | 0.00 | 0.01 | 0.37 | 0.00 | 0.00 | 0.00 | 0.11 | 0.06 | 0.17 | 0.71 | 0.00 |
| 2013 | 0.13 | 0.00 | 0.03 | 0.60 | 0.01 | 0.00 | 0.01 | 0.09 | 0.09 | 0.33 | 0.83 | 0.62 |
| 2014 | 0.00 | 0.00 | 0.07 | 0.46 | 0.05 | 0.35 | 0.03 | 0.09 | 0.13 | 0.47 | 0.92 | 0.47 |
| 2015 | 0.00 | 0.33 | 0.53 | 1.06 | 0.26 | 2.83 | 0.30 | 0.42 | 0.16 | 0.83 | 1.12 | 0.35 |
| 2016 | 0.04 | 0.51 | 0.95 | 1.78 | 0.78 | 9.45 | 1.11 | 0.79 | 0.38 | 1.02 | 1.02 | 0.53 |
| 2017 | 0.00 | 1.17 | 1.06 | 1.49 | 0.49 | 8.65 | 0.58 | 0.31 | 0.36 | 1.13 | 0.82 | 0.45 |
| 2018 | 0.64 | 0.31 | 1.49 | 1.88 | 0.58 | 8.98 | 0.46 | 0.26 | 0.31 | 1.13 | 1.05 | 0.43 |
| 2019 | 0.50 | 0.00 | 1.54 | 1.90 | 0.28 | 9.30 | 0.42 | 0.21 | 0.25 | 1.24 | 1.04 | 0.33 |
| 2020 | 0.00 | 0.00 | 2.41 | 1.98 | 0.25 | 10.19 | 0.50 | 0.24 | 0.18 | 0.96 | 1.20 | 0.00 |
| 2021 | 0.00 | 0.02 | 1.38 | 1.95 | 0.15 | 6.00 | 0.44 | 0.15 | 0.13 | 0.80 | 0.47 | 0.00 |

数据来源：根据UN comtrade数据库数据整理计算所得。

一方面，通过中国对俄罗斯农产品分类别贸易结合度指数测算可以得出在所有农产品中，共有12类产品（HS03、HS07、HS08、HS10、HS13、HS14、HS16、HS17、HS19、HS20、HS21、HS23）贸易结合度指数大部分年份保持在1以上，表明对我国而言与俄罗斯的农产品贸易联系比较密切。首先，HS17、HS20两章产品贸易结合度指数最高，均保持在1.5以上，说明俄罗斯对我国这两类农产品进口依赖程度最大。其中HS17章产品贸易结合度指数呈波动上升趋势且波动幅度较大，HS20章产品贸易结合度指数介于1.7和2.5之间，变化幅度较小，说明俄罗斯对于我国该类产品的进口依赖程度较大且比较稳定；其次，HS10、HS13、HS14三章产品贸易结合度指数相比于HS17和HS20较低且波动幅度较大，但近几年均在1以上，说明俄罗斯对于我国此三章产品的进口依赖程度相对较高但并不稳定；再次，HS08、HS16、HS21三章农产品贸易结合度指数呈下降态势，至2021年指数值均低于1，表明俄罗斯对我国此三类产品的依赖程度逐渐降低，并且此类产品在中俄贸易中的紧密联系逐步消失；最后，HS03、HS07、HS19、HS23章农产品贸易结合度指数大致保持增长态势，并于近十年增长至1以上，表明俄罗斯对其进口依赖度不断提升，以上述四类产品为依托的中俄农产品贸易往来向着更加密切的方向发展。

另一方面，通过俄罗斯对中国农产品分类别贸易结合度指数测算可以得出在所有农产品中，共7类产品（HS03、HS05、HS08、HS11、HS15、HS16、HS18）贸易结合度指数大部分年份保持在1以上。其中HS11、HS15、HS16、HS18章产品贸易结合度指数于近五年突破1并保持良好的增长态势，说明近年来，我国对俄罗斯上述四类产品进口依赖度不断提升。值得注意的是，HS18章产品指数值增长幅度最大，由2007年的0.12增长至2021年的6.0，其间一度突破8.0，2020年以10.19达到历史最高值，因此HS18类产品贸易表现出强劲的发展潜力；HS03、HS08章产品贸易结合度指数呈下降趋势，说明以上述两类产品为依托的中俄贸易联系逐渐减弱，其中HS08下降幅度最大，由2007年的14.36下降至2018年的1.53，其后始终保持在1.0以下，说明我国对俄罗斯HS08章产品进口依赖度持续下降。

整体而言，在中俄贸易中我国农产品出口高度依赖俄罗斯市场，而俄罗斯农产品出口对我国市场的依存度偏低。具体分类别来看，双方市场不同种类农产品贸易联系并非一成不变。从中国角度出发，HS17（糖及其制品）、HS20（蔬菜、水果等的制品）最得俄罗斯市场青睐，是农产品贸易联系最为紧密的产品，HS10（谷物）、HS13（虫胶、树胶、树脂等）、HS14（其他植物产品）次之。HS08（食用水果及坚果）、HS16（肉、鱼等制品）贸易密切程度逐渐降低，我国这几类产品在出口方面对俄罗斯的依赖度趋于下降。而HS03（鱼类和甲壳类动物等）、HS07（食用蔬菜、根及块茎）、HS19（谷物、淀粉制品）贸易密切度稳步提升，近几年成为我国出口方面对俄罗斯市场依赖程度较大的新兴农产品种类。聚焦于俄罗斯角度，HS11（制粉工业产品等）、HS15（动、植物油、脂等）、HS16（肉、鱼等制品）、HS18（可可及其制品）四类产品与我国市场的贸易联系最为密切，HS03（鱼类和甲壳类动物等）、HS08（食用水果及坚果）对我国市场的依赖程度逐渐降低。

综上所述，通过对中俄农产品贸易相关指数的深度测算及分析可以得到有关两国农产品竞争性和互补性的初步认知。具体来说有以下几点：第一，中俄农产品对外出口运行状况总体上呈良性发展趋势，在出口规模稳步扩张的同时出口贡献和出口效率都在不断提高，但相对而言，我国农产品出口竞争力和比较优势整体在下降，而俄罗斯农产品出口竞争力和比较优势整体在上升。第二，我国和俄罗斯农业资源禀赋和优势产业具有很强的互补性，我国的水果、蔬菜、肉制品，俄罗斯的谷物、油料产品、乳制品在双方市场具有比较优势且优势逐渐增强，水产品在中俄出口结构中均具有较强的比较优势。第三，结合中俄当前农产品贸易实际来看，我国果蔬类产品、水产品及肉制品，俄罗斯油料产品、乳制品、谷物分别是双方贸易密切度最高的产品。

在中国农业高水平开放的情况下，中俄农业资源具有高度互补性，结合区位优势进一步深化农业领域的国际合作可实现优势互补和互利共赢，有利于我国更加灵活地调控进口份额，保障粮食总量安全。同时，在当前形势下，中俄加强农业合作符合双方共同保障粮食安全的客观需要。

# 4.6 本章小结

本章在厘清中俄农业合作基础的前提下，选取竞争和互补为分析视角，探寻中国与俄罗斯两国农产品贸易合作中的整体竞争程度和耦合性，为后续贸易潜力研究和农业产业链构建提供依据。首先，中俄农业合作基础深厚，主要体现为以下四个方面：中俄两国农业资源存在高度互补性；中俄两国农产品供需呈现对接性；中俄两国发展战略展现匹配性；中俄两国保障粮食安全意愿凸显一致性。其次，通过对中俄农产品贸易相关指数的深度测算及分析，包括中俄农产品出口绩效相对指数、中俄农产品竞争性指数、中俄农产品互补性指数、中俄农产品贸易专业化指数（TSC）、中俄农产品贸易结合度指数，可以得到有关两国农产品竞争性和互补性的初步认知。具体来说有以下几点：第一，中俄农产品对外出口运行状况总体上呈良性发展趋势，在出口规模稳步扩张的同时，出口贡献和出口效率都在不断提高，但相对而言，我国农产品出口竞争力和比较优势整体在下降，而俄罗斯农产品出口竞争力和比较优势整体在上升。第二，我国和俄罗斯农业资源禀赋和优势产业具有很强的互补性，我国的水果、蔬菜、肉制品，俄罗斯的谷物、油料产品、乳制品在双方市场具有比较优势且优势逐渐增强，水产品在中俄出口结构中均具有较强的比较优势。第三，结合中俄当前农产品贸易实际来看，我国的果蔬类产品、水产品及肉制品，俄罗斯的油料产品、乳制品、谷物分别是双方贸易密切度最高的产品。

# 5

# 中俄两国农业合作现状及存在的问题

遵循"美美与共"共建人类命运共同体的原则，充分利用"两种资源、两个市场"，保障国内重要农产品的有效供给，是中国开展农业国际合作的宗旨。厘清中俄农业合作的现状和问题，辨识发展机遇，直面现实挑战，是农产品贸易潜力分析、跨境农业产业链构建直面问题、有的放矢的前提与基础[1][2][3]。

# 5.1  中俄农业合作现状

基于中俄两国良好的政治关系、毗邻的地缘关系以及农业资源禀赋的互补性等现实，中俄高度重视两国在农业方面的合作，农产品贸易稳定发展，产业合作有序推动。

## 5.1.1  中俄农产品贸易规模持续提升

进入21世纪，俄罗斯农业实现跨越式发展，出口能力增强，中俄农业合作也度过磨合期，进入快速发展阶段。在两国战略统筹规划引领下，中俄农产品贸易快速发展。2010—2022年，双方农产品贸易总额从29.68亿美元扩大至70.34亿美元，年均增幅保持在10%以上。2012年起，中国成为俄罗斯大宗农产品净进口国。具体来说，2000—2021年，中国与俄罗斯农产品贸易总额呈波动上升趋势。由表5-1可知，中俄农产品贸易总额从2000年的6.21亿美元增长到2021年的59.9亿美元，增长9倍之多，年均增幅保持在10%以上。2021年双边农产品贸易额同比增长7.7%，创历史新高。其中，中国从俄罗斯进口42.9亿美元，同比增长5%，中国向俄罗斯出口17亿美元，同比增长 10%。2000—2008年中俄农产品贸易额增长迅速，涨幅27.93%，双方农业合作逐步加强。2011年至2014年，受到西方国家对俄罗斯实施经济制裁的影响，中国与俄罗斯农产品贸易增速降低。受全球经济危机和俄罗斯货币汇率的影响，2009年和2015年中俄农产品贸易额呈现短暂下降的情况，但2015年

① 张红侠.中美贸易摩擦背景下的中俄农业合作[J].俄罗斯东欧中亚研究，2020（2）：38-49，155.
② 秦楼月.构建发展共同体下的中国农业产业链安全保障机制[J].理论学刊，2022（2）：84-93.
③ 佟光霁，殷志玮.自由贸易试验区建设中的中俄农业合作[J].理论探讨，2022（5）：149-154.

至今，俄罗斯将贸易方向调转至中国等亚洲国家，以及受中美贸易摩擦影响，中俄农产品贸易迅速恢复到前期水平，呈现出持续增长态势。

表5-1 2000—2021年中俄农产品贸易规模

单位：亿美元

| 年份 | 中俄农产品贸易总额 | 中国从俄罗斯进口额 | 中国向俄罗斯出口额 | 中俄农产品进出口差额 | 顺差国 |
|---|---|---|---|---|---|
| 2000 | 6.21 | 4.36 | 1.85 | 2.51 | 俄罗斯 |
| 2001 | 8.14 | 5.53 | 2.61 | 2.92 | 俄罗斯 |
| 2002 | 11.41 | 6.76 | 4.65 | 2.11 | 俄罗斯 |
| 2003 | 13.18 | 7.14 | 6.04 | 1.10 | 俄罗斯 |
| 2004 | 14.74 | 8.51 | 6.23 | 2.28 | 俄罗斯 |
| 2005 | 18.91 | 11.46 | 7.44 | 4.02 | 俄罗斯 |
| 2006 | 22.61 | 12.86 | 9.75 | 3.11 | 俄罗斯 |
| 2007 | 27.22 | 14.40 | 12.82 | 1.58 | 俄罗斯 |
| 2008 | 27.69 | 13.23 | 14.46 | −1.23 | 中国 |
| 2009 | 24.74 | 12.87 | 11.87 | 1.00 | 俄罗斯 |
| 2010 | 29.68 | 13.87 | 15.81 | −1.95 | 中国 |
| 2011 | 36.87 | 16.87 | 20.00 | −3.13 | 中国 |
| 2012 | 36.16 | 15.53 | 20.63 | −5.10 | 中国 |
| 2013 | 37.88 | 15.69 | 22.19 | −6.51 | 中国 |
| 2014 | 39.57 | 15.53 | 24.04 | −8.51 | 中国 |
| 2015 | 35.46 | 17.15 | 18.31 | −1.16 | 中国 |
| 2016 | 39.93 | 19.92 | 20.02 | −0.10 | 中国 |
| 2017 | 41.79 | 21.32 | 20.47 | 0.85 | 俄罗斯 |
| 2018 | 53.36 | 32.10 | 21.26 | 10.84 | 俄罗斯 |
| 2019 | 56.36 | 35.92 | 20.44 | 15.48 | 俄罗斯 |
| 2020 | 56.31 | 40.85 | 15.46 | 25.39 | 俄罗斯 |
| 2021 | 59.90 | 42.90 | 17.00 | 25.9 | 俄罗斯 |

数据来源：根据UN comtrade数据库数据整理计算所得。

从农产品进口和出口的角度看，中国对俄罗斯农产品出口额呈波动上升趋势，从2000年的1.85亿美元升至2021年的17亿美元。中国从俄罗斯进口额也激增，从2000年的4.36亿美元增加到2021年的最高值42.9亿美元。这也从侧面反映出中国对于进口农产品的依赖性，确保中国粮食安全势在必行。

从农产品贸易差额角度看，中俄两国贸易顺、逆差地位交替出现。如图5-1所示，俄罗斯在2008年以前一直是农产品贸易顺差国。2001年中国加入WTO后，承担减少农产品贸易壁垒的责任，中俄农产品贸易规模不断上升，俄罗斯也赶上利好贸易政策福利；与此同时，俄罗斯在2008年以前，农业基础设施不完善、农业生产力水平较低，俄罗斯出现贸易顺差现象，中俄农产品进出口规模均有所上升。2008年出现短暂的贸易平衡后逆差再次出现；2010—2014年，中国处于贸易顺差地位，中俄农产品贸易顺差额从2亿美元升至8亿美元。2015年以后，随着俄罗斯成为共建"一带一路"的重要伙伴，中俄农产品贸易呈现逆差且差额显著扩大，2018年俄罗斯农产品贸易顺差更是高达10亿美元。中国与俄罗斯农产品贸易额虽然在曲折中发展，但是中国与俄罗斯贸易伙伴关系不断深化，在中蒙俄经济走廊建设背景下，双边贸易额将不断扩大，两国农产品贸易潜力将持续增加。

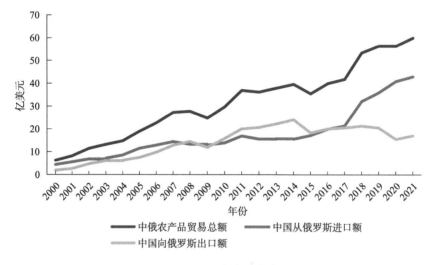

图5-1　2000—2021年中俄农产品贸易规模

数据来源：根据UN comtrade数据库数据整理计算所得。

### 5.1.2　中俄农产品贸易增长率逐步提升

基于贸易增长率角度，2000—2021年，中国与俄罗斯农产品进出口贸易增长率呈交互接替的状态。如表5-2所示，2000—2014年，中国对俄罗斯农产品贸易逆差不断缩小，即中国进口俄罗斯的农产品同比增长率明显低于中国出口俄罗斯的农产品同比增长率；2014—2021年，中俄贸易逆差又逐步扩大，基于此增长趋势，中国可能在未来较长的时间内处于逆差状态，表现为中国进口俄罗斯农产品的同比增长率明显高于中国出口俄罗斯的农产品同比增长率。

如表5-2所示，2000—2021年，中国对俄罗斯农产品进出口贸易额虽有波动，但多数年份为正向增加，说明中国与俄罗斯农产品贸易额逐渐上升，规模不断增加。中国对俄罗斯农产品贸易额在2009年受到经济危机影响，贸易增长率降至–10.66%，此后随着全球经济的复苏，贸易增长率逐步提升。2014年后，国际形势变动再次对中国与俄罗斯农产品贸易产生消极影响，中国与俄罗斯农产品贸易额又出现明显回落，贸易增长率为–10.39%。2015年中蒙俄经济走廊等相关区域经济合作的提出以及国际经济环境平稳发展，促进了中国与俄罗斯农产品贸易发展，贸易额实现正向增长。

表5-2　2000—2021年中俄农产品贸易增长率

单位：%

| 年份 | 中国与俄罗斯农产品贸易额增长率 | 中国进口俄罗斯农产品增长率 | 中国出口俄罗斯农产品增长率 |
|---|---|---|---|
| 2000 | | | |
| 2001 | 31.10 | 26.86 | 41.08 |
| 2002 | 40.22 | 22.21 | 78.42 |
| 2003 | 15.53 | 5.67 | 29.86 |
| 2004 | 11.85 | 19.14 | 3.23 |
| 2005 | 28.26 | 34.73 | 19.44 |
| 2006 | 19.62 | 12.23 | 30.99 |
| 2007 | 20.36 | 11.94 | 31.47 |
| 2008 | 1.72 | –8.14 | 12.79 |
| 2009 | –10.66 | –2.73 | –17.91 |
| 2010 | 19.99 | 7.77 | 33.24 |
| 2011 | 24.24 | 21.67 | 26.50 |
| 2012 | –1.93 | –7.95 | 3.15 |
| 2013 | 4.74 | 1.01 | 7.55 |
| 2014 | 4.46 | –0.99 | 8.32 |
| 2015 | –10.39 | 10.44 | –23.84 |
| 2016 | 12.62 | 16.12 | 9.34 |
| 2017 | 4.64 | 7.05 | 2.25 |
| 2018 | 27.69 | 50.57 | 3.86 |
| 2019 | 5.62 | 11.89 | –3.86 |
| 2020 | –0.90 | 13.72 | –24.36 |
| 2021 | 6.38 | 5.02 | 9.96 |

数据来源：根据UN comtrade数据库数据整理计算所得。

### 5.1.3 中俄农产品贸易结构不断优化

目前，WTO农业协议中对农产品的分类，是大部分学者在研究农产品时所采用的分类标准：以HS编码下的第1章至第24章以及第50章至第53章的农产品作为研究对象。本节主要采用白雪冰、许昭、周应恒[46]（2021）对中国与俄罗斯农产品的分类方法将中国与俄罗斯贸易的主要农产品分为水产品（HS03、HS16）、谷物（HS10、HS11、HS19）、油料作物（HS12、HS15）、蔬菜（HS07、HS20）、水果（HS08）及其他产品。从贸易进出口结构看，中国对俄农产品出口以蔬菜、水产品和水果等低附加值产品为主，占农产品出口总额的90%以上。俄罗斯对华农产品出口由水产品、谷物、油籽、植物油和畜禽产品构成。2015年以来，随着双方在农产品出口检疫、市场准入等方面取得重大进展，俄罗斯多种农产品获准进入中国市场，中国对俄罗斯农产品贸易呈现"小出大进"格局，大宗农产品净进口量开始大幅增加。

#### 5.1.3.1 中国对俄罗斯农产品进口结构单一且集中

（1）按农产品品种分类

中国与俄罗斯农产品贸易结构单一且集中。由表5-3可知，2000—2021年，HS03章（鱼、甲壳动物、软体动物及其他水生无脊椎动物）为中国从俄罗斯进口的主要农产品，其他产品主要为油籽、谷物及植物油等。其中，水产品2000年至2010年保持上升趋势，在2010年达到最高值为91%，其后占比逐渐下降，但随着中国进口俄罗斯农产品贸易额逐年增长，水产品进口额也逐渐增加，从2000年的3.5亿美元持续增加至2021年的18.58亿美元。此外，2000—2021年，HS12（油子仁、药用植物等）、HS15（动、植物油、脂等）产品进口增速较快，分别由1.89%和0%增长至10.55%和23.02%。HS08（食用水果及坚果）、HS11（制粉工业产品等）及HS23（食品工业残渣等）的进口额连年增加，占比呈现上升趋势。总体来看，由于俄罗斯拥有较多良港，鱼类产品较为丰富，所以中国进口俄罗斯农产品主要集中于水产品，其次由于俄罗斯独特的自然资源，谷物产品、动植物油、含油子仁及果实等产品向中国出口也较为丰富。

表5-3 中国从俄罗斯进口的主要农产品及其进口额占比

单位：%

| HS编码 | 2000年 | 2005年 | 2010年 | 2014年 | 2015年 | 2016年 | 2017年 | 2018年 | 2019年 | 2020年 | 2021年 |
|---|---|---|---|---|---|---|---|---|---|---|---|
| 03 | 79.00 | 95.3 | 91.00 | 81.54 | 68.32 | 68.25 | 67.71 | 65.79 | 60.85 | 45.13 | 43.45 |
| 05 | 1.1 | 0.25 | 0.30 | 0.99 | 0.82 | 0.80 | 0.61 | 0.60 | 0.80 | 0.37 | 0.48 |

| HS编码 | 2000年 | 2005年 | 2010年 | 2014年 | 2015年 | 2016年 | 2017年 | 2018年 | 2019年 | 2020年 | 2021年 |
|---|---|---|---|---|---|---|---|---|---|---|---|
| 08 | 0.30 | 1.56 | 0.79 | 3.11 | 5.20 | 1.95 | 1.40 | 0.81 | 1.50 | 1.70 | 1.72 |
| 11 | 0 | 0 | 0 | 0.27 | 0.36 | 0.22 | 0.60 | 0.91 | 1.01 | 0.40 | 0.13 |
| 12 | 1.89 | 0.15 | 0.04 | 2.07 | 8.90 | 8.42 | 10.08 | 11.72 | 11.46 | 11.26 | 10.55 |
| 15 | 0 | 0 | 0 | 0.55 | 4.36 | 9.77 | 10.59 | 12.07 | 13.76 | 24.77 | 23.02 |
| 23 | 16.82 | 2.54 | 6.76 | 5.47 | 6.56 | 5.14 | 12.07 | 3.05 | 2.72 | 3.36 | 4.11 |

数据来源：根据UN comtrade数据库数据整理计算所得。

（2）按农产品类别划分

本书根据《商品名称及编码协调制度国际公约》将农产品分为四大类：第一大类为活动物、动物产品，包括HS01～HS05共5章产品；第二大类为植物产品，包括HS06～HS14共9章产品；第三大类为动植物油、脂及其分解产品，包括HS15章产品；第四大类为食品、饮料、酒及醋、烟草及烟草替代品的制品，包括HS16～HS24共9章产品。图5-2为2010—2021年中国进口俄罗斯农产品大类汇总，第一大类活动物、动物产品占中国出口俄罗斯农产品的比重最大，且连年上升，较为稳定；同时随着时间的增长，从长期来看，第一大类动物产品及第二大类植物产品包括蔬菜水果等在中国从俄罗斯进口贸易额中排前两位，说明这两大类农产品在中国从俄罗斯进口农产品中所占比重一直较大，贸易产品多集中于这两大类中。其他几大类农产品的比重也不断上升，中国进口俄罗斯农产品结构不断优化。

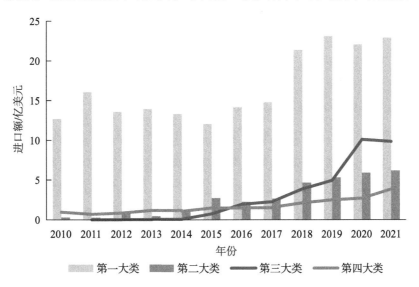

图5-2 2010—2021年中国从俄罗斯前四大类农产品进口额

数据来源：根据UN comtrade数据库数据整理计算所得。

### 5.1.3.2 中国对俄罗斯农产品出口结构集中度较高

（1）按农产品品种分类

按农产品品种分类，中国向俄罗斯出口的农产品主要集中在食用水果、食用蔬菜、水产品、植物其他部分的制品。如表5-4所示，在2000—2021年中国向俄罗斯出口的农产品中，HS03、HS07、HS20所占比重较大，占比均超过了10%。从增速上看，HS03、HS07大致呈上升态势且增速较为明显；HS12在波动中有所下降，但下降幅度不明显。整体来看，近几年中国向俄罗斯出口农产品的产品结构虽有改善趋势，但出口集中度仍然偏高。出口农产品主要为蔬菜、水产品和水果，三大农产品出口额始终占出口总额的45%以上，集中度最高。其中，蔬菜为中国向俄罗斯出口最多的农产品，2021年占中国对俄农产品出口额的19.67%；中国向俄罗斯出口蔬菜的出口额始终维持在对俄农产品出口总额的10%以上，其他类型的产品随着贸易额的不断提升占比也不断增加。HS08（食用水果及坚果）的出口受新冠疫情影响，在2020年和2021年下降明显。

表5-4　中国向俄罗斯出口的主要农产品及其出口额占比

单位：%

| HS 编码 | 2000 年 | 2005 年 | 2010 年 | 2014 年 | 2015 年 | 2016 年 | 2017 年 | 2018 年 | 2019 年 | 2020 年 | 2021 年 |
|---|---|---|---|---|---|---|---|---|---|---|---|
| 03 | 0.24 | 3.99 | 10.89 | 11.58 | 7.30 | 10.52 | 10.47 | 10.36 | 11.33 | 12.28 | 13.19 |
| 07 | 8.64 | 11.96 | 15.58 | 13.88 | 18.98 | 18.38 | 20.03 | 16.23 | 18.37 | 21.14 | 19.67 |
| 08 | 11.88 | 12.50 | 15.87 | 13.48 | 18.71 | 20.08 | 18.42 | 20.15 | 15.86 | 6.28 | 5.90 |
| 12 | 9.03 | 7.14 | 2.61 | 1.80 | 1.53 | 1.23 | 1.28 | 1.42 | 1.93 | 3.40 | 3.53 |
| 16 | 7.79 | 12.10 | 12.85 | 15.33 | 12.41 | 10.50 | 10.79 | 12.10 | 8.68 | 9.34 | 8.79 |
| 20 | 6.67 | 20.17 | 19.20 | 18.30 | 17.24 | 16.83 | 14.86 | 15.14 | 16.28 | 22.82 | 21.98 |

数据来源：根据UN comtrade数据库数据整理计算所得。

总体来看，中俄两国农产品贸易多集中在几类产品中，贸易结构单一化严重。但从表格中也不难发现，中国从俄罗斯进口的农产品中，其他产品占比增长迅速，许多产品从无到有，也有部分产品的比重连年下降，说明中国正调整从俄罗斯进口的农产品结构，产品进口也逐渐由单一农产品向多类别发展。同时，中国近几年正不断加大油料、植物油及谷物等高附加值农产品的进口，解决中国由于贸易摩擦所带来的粮食风险。

与此同时，在分析两国农产品贸易结构的同时不难发现，目前中俄两国农产品贸易同样具有较强的竞争性和互补性。中国从俄罗斯进口的主要有水产品，油料产品及谷物等。中国出口俄罗斯的农产品主要有蔬菜、水果及水产品、肉及食用杂碎等。从贸易结构的变化趋势可以发现，中国从俄罗斯进口的农产品中鱼类等水产品占比最大，中国出口俄罗斯的农产品中蔬菜、水果的占比较大（如图5-3所示），两国之间互补的贸易结构为两国更深入地开展农业合作和农产品贸易提供了内在条件，有很大的合作潜力，值得注意的是水产品贸易属于产业内贸易，说明两国水产品产业出现异质化发展，这对两国农产品贸易今后的发展方向有一定的影响。

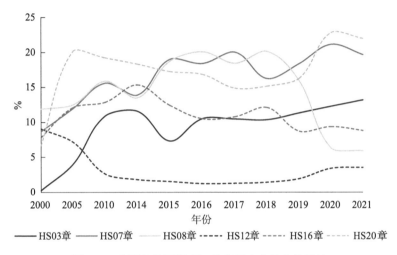

**图5-3  中国向俄罗斯出口的主要农产品变化趋势**

数据来源：根据UN comtrade数据库数据整理绘制。

**（2）按农产品类别划分**

按照农产品类别，2010年至2021年，中国对俄罗斯第一大类动物产品出口贸易额波动变化不大，且第一大类动物产品多年维持在较为稳定的出口地位上，可见俄罗斯动物及肉类市场需求较为稳定，可以进一步加大对动物产品检验检疫力度，提高出口质量，进一步挖掘其肉类、动物类产品的贸易潜力。近10年，中国向俄罗斯出口第二大类植物产品及第四大类食品、饮料、酒及醋、烟草等产品的贸易额占中国向俄罗斯出口农产品总数的比重较大，约为80%，说明第二大类植物产品及第四大类食品、饮料、酒及醋、烟草等产品在中俄农产品中的贸易地位较高，贸易规模较大。中国向俄罗斯出口第三大类动植物油、脂及其分解产品的占比各年度均为最小，这与中国自身农产品生产结构有关，中国一直以来都是油料产品进口大国，对于油料产品的需求较高，需要进口才能满足自身需求，所以第四大类动、植物油产品出口较少，具体详见图5-4。

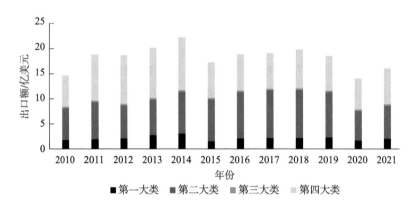

图5-4　中国对俄罗斯前四大类农产品出口额

数据来源：根据UN comtrade数据库数据整理计算所得。

### 5.1.4　中俄农产品贸易份额缓慢提升

贸易地位是指一国对另一国产品进出口占一国对世界产品进出口的比重，它可以反映出某类产品在一国市场中的竞争力。通过分析中俄农产品贸易在中国对外农产品贸易中的地位，我们可以更加直观地分析中国与俄罗斯农产品的贸易规模，以便提出针对促进中国对俄罗斯农产品进出口的对策建议。

从农产品出口贸易的角度看，2021年中国农产品出口总额为824.65亿美元，而对俄罗斯农产品出口总额仅为15.87亿美元，只占中国农产品出口总额的1.92%。在农产品进口方面，2021年中国农产品进口总额为2 090.34亿美元，创历史新高，但中国对俄农产品的进口总额仅为42.77亿美元，占中国农产品进口总额的2.05%。2022年俄罗斯对华农产品出口总额增至70亿美元，增长44%，中国在俄罗斯农产品出口中的比重提升了20%，超越欧盟，是俄罗斯禽肉、牛肉、大豆、燕麦和亚麻籽的最大进口国。但俄罗斯只占中国农产品进口比重的2%，是中国第八大大宗农产品进口来源国、第一大油菜籽进口来源国。由此可见，无论是进口还是出口，中俄农产品贸易在中国农产品市场中的地位都较低。

具体来看，如图5-5所示，中国对俄罗斯农产品出口额占中国农产品对外出口总额的比值大致经历了一个先上升后下降的趋势；2011年以前，中国对俄罗斯农产品出口占中国对世界农产品出口的比值处于上升趋势，直至2011年达到峰值3.16%，随后占比连年下降，2014年有所回升，重回3.16%。2014—2021年总体上呈现下降趋势，比值主要在1.8%～3.1%，而2020年比值仅为1.86%。由此可知，中国对俄罗斯农产品出口额始终维持在一个较低水平，俄罗斯的市场份额在整个中国农产品出口市场中的地位一直较低。

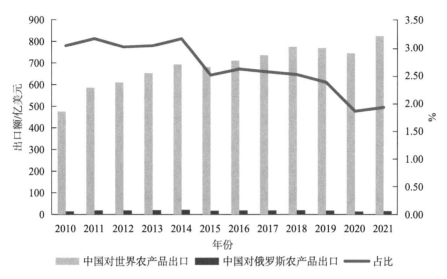

图5-5 中国对俄农产品出口占中国农产品总出口比例

数据来源：根据UN comtrade数据库数据整理计算所得。

从农产品贸易进口的角度来看，如图5-6所示，2010—2021年中国从俄罗斯进口农产品占中国农产品进口总额的比值呈现先降后升又降的波动趋势，最高为2018年，占比2.54%。其中2010—2014年呈现下降趋势，到2014年降至1.43%，创历史新低。2015—2019年呈现上升趋势，但比值仍然处在一个较低的水平，随着中蒙俄经济走廊建设的不断推进，中国从俄罗斯进口农产品在中国从世界进口农产品中的比重不断上升，可以看出近几年中俄农业合作不断深入，中国不断扩大从俄罗斯进口农产品规模，俄罗斯农产品在中国市场中的市场占有率也不断提高，但2021年，受国际形势和新冠疫情影响，又呈现下降趋势。总体来说，中国对俄农产品的进口规模在中国从世界进口农产品的进口规模中占比较低，中俄作为两个相邻的农业大国，具有良好的地理位置和自然条件，但贸易规模与目前的贸易地位极不相配，说明中俄两国之间巨大的农产品贸易潜力有待进一步挖掘。

中俄农业合作的一个显著特点是中国自俄罗斯进口农产品的增幅远大于中国向俄罗斯出口农产品的增幅。农产品贸易持续增长为两国关系增加了新的利益共同点，助推了两国经济发展，也为双方消费者特别是中国消费者提供了更多的优质农产品。随着中美贸易摩擦加剧，中国一度放弃从美国进口大豆，转而寻求新的大豆供应国，其中俄罗斯大豆对华出口正在明显增长，成为中国拓宽大豆进口来源的关键市场之一。过去4年，俄罗斯对华大豆出口增长了10倍多，2020年中国进口俄罗斯大豆69.3万吨，2021年为54.68万吨。从市场份额看，中国目前已成为俄罗斯大豆的主要买家，在俄罗斯的 2018—2019 农业年度（2018 年 7 月至 2019 年 6 月），中国进口俄罗斯大豆占俄大豆出口总额的 93%[①]。2022年中俄农产品贸易继续稳定增长，全年农产品贸易额达到 70.34 亿美元，同比增长41.8%，其中俄罗斯对中国的出口额增长了 44.5%，未来，俄罗斯向中国出口的农产品价值将会达到 60 亿～100 亿美元。中国出口到俄罗斯的农产品与2021年相比，增长35.4%，新鲜球茎类蔬菜、非食用提取物、冷冻鱼、鱼类制品和罐头食品等10类商品的出口量几乎都在增长。中国已经成为俄罗斯农产品出口的主要目的地[②③]。中俄两国人民世代友好具有坚实的根基，两国全方位合作具有广阔前景，如图5-6所示。

**图5-6　中国对俄农产品进口占中国农产品总进口比例**

数据来源：根据UN comtrade数据库数据整理计算所得。

### 5.1.5　中俄农业投资不断深化

农业对外直接投资是一国农业"走出去"的一种重要模式，是经济全球化、农业国际化背景下农业发展的必然选择。自 2009 年农业被列为《中俄投资合作规划纲

① 包揽俄罗斯93%大豆出口！中国表态：对中俄2 000亿美元目标有信心 [EB/OL].（2020-10-14）. https://baijiahao.baidu.com/s?id=1680518654967324017&wfr=spider&for=pc.

② 俄中农产品贸易增长40%[EB/OL].（2023-05-31）. https：//baijiahao.baidu.com/s?id=1767363106261918507&wfr=spider&for=pc.

③ 金十数据 中俄农贸再焕生机！俄罗斯：未来对华出口价值或达100亿美元 [EB/OL].（2022-09-08）. https：//baijiahao.baidu.com/s?id=1743393832281959658&wfr=spider&for=pc.

要》的优先投资领域以来，中国对俄的农业投资与开发合作逐步深化，尤其是共建"一带一路"倡议提出以来，作为俄罗斯重要投资来源国，中国对俄罗斯的农业投资一直保持增长态势。中国对俄农业的投资开发与合作，拓展了农业发展空间，加快了农村劳动力向境外转移，拓宽了农民增收渠道。

2012 年普京再次当选总统后，俄罗斯加速推进"向东看"战略，政府加大了对俄远东地区的农业开发力度，同时也为中国资本进入俄远东地区创造了机遇和相对宽松的环境，中国对俄罗斯农业项目的投资，正逐步成为中俄农业合作的重要一环。据俄媒统计，最高峰时期，中国有20 多万农民赴俄远东地区从事种植工作，400 多家企业赴俄进行农业投资，投资覆盖滨海边疆区、阿穆尔州、犹太自治州、哈巴罗夫斯克州、萨哈林州等远东地区的9 个州。据公开资料与最新评估，中国对俄罗斯远东地区的农业投资约占中国对俄直接投资的20%，已成为俄远东地区的第一大投资国[1]。随着中俄两国各领域合作的日益发展，中国对俄罗斯的投资目的地亦随之不断向俄罗斯中西部腹地扩展，在俄罗斯的伏尔加格勒、奔萨等地先后启动了中俄农业合作项目。

农业农村部国际合作司、农业农村部对外经济合作中心合编的《中国对外农业投资合作分析报告总篇》（以下称《分析报告》）显示，2013—2018 年，中国在俄罗斯从事农林牧渔服务业投资的企业数量累计达到36 家，仅2018 年就新增14 家，占当年对俄投资企业总数的14.4%。2018 年，对俄投资种植业的企业数量为23 家，占当年对俄投资企业总数的23.6%，较2013 年减少51.2%，这表明中国企业对俄农业投资的技术含量有所提升，投资范围有所扩展。2018 年，同时投资及经营两个以上生产环节的企业数量为34 家，从事农业技术、农产品加工、农产品贸易、农业物流及仓储的企业共计10 家。与2013 年相比，中国赴俄农业投资的大部分企业，除投资种植业外，还在不断延伸产业链，涉及种植业上下游产业，由单纯的种植业、养殖业转向了加工、仓储、物流等农业生产的全部产业链，逐步实现了投资产业链的完善与整合。

此外，根据俄联邦兽植局的数据，2022 年在中国海关总署相关系统中成功注册的俄企共有988 家，主要涵盖鱼类制品、蜂蜜、冰激凌、乳制品等在华热销的农产品和食品的生产加工企业。中俄两国还设立了农业投资基金，积极推动中俄投资合作试点平台建设，俄罗斯伏尔加沿岸联邦区萨拉托夫州的斯托雷平工业园区将成为

---

① 俄罗斯是中国对外农业投资主要吸引点 [EB/OL]．（2022-09-07）．https：//baijiahao.baidu.com/s?id=174329 3555292587882&wfr=spider&for=pc.

中俄食品工业投资合作试点项目实施平台，目前已制定园区内相关配置的计划。这将为深化中俄"长江—伏尔加河"地区的投资合作注入新动能，在推动两国加强食品工业项目投资合作的同时，还将有力促进非毗邻地区的农产品贸易。同时，中俄农业合作园、科技园和农业自贸区等项目也纷纷落地，逐步形成了"两头在外"的产销模式、"订单种植"及"两国双园"等多种灵活的创新合作模式，加强了双方的资源集聚整合，有效推动了中国的农业科学技术、农机制造、劳动力资源等优势生产要素禀赋与俄罗斯丰富的自然资源禀赋优势的有机融合，促进了双方粮食生产、果蔬种植、畜牧养殖以及农产品加工等合作的良性发展。

### 5.1.6　中俄农业合作机制不断完善

中俄两国农业部门在金砖国家、上海合作组织、亚太经合组织、亚信会议及中俄总理定期会晤等多双边机制下建立了多个农业合作机制，不断加强政策沟通。中俄总理定期会晤机制下的农业合作分委会、中国东北地区和俄罗斯远东及贝加尔地区政府间合作委员会等双边机制，为落实农业领域合作协议、推动双边农业合作发挥了重要作用。自2015年起，中国先后快速批准了俄多种农产品的准入许可，尤其是放开了俄全境大麦、小麦、玉米和葵花籽等产品的入华许可。这大大激发了俄企对华展开农产品贸易的积极性，两国农产品进出口的贸易结构日趋多元化。

中俄两国相继出台一系列文件推动双边农业合作，主要包括《共同推进"一带一路"建设农业合作的愿景与行动》《中俄在俄罗斯远东地区合作发展规划（2018—2024年）》《中国东北地区和俄罗斯远东及贝加尔地区农业发展规划》《中华人民共和国和俄罗斯联邦关于深化新时代全面战略协作伙伴关系的联合声明》等，不仅就农业深度合作达成意向，也给合作企业提出了行动指南和政策引导。

2019年6月5日，中俄签署的《关于深化中俄大豆合作的发展规划》为全面拓展和深化两国大豆贸易与全产业链合作指明了方向。两国有关部门还签署了关于俄罗斯大麦等5项农产品准入的协议，为双方不断加快农产品贸易创造了条件。中国海关总署发布公告，将出口中国大豆产区扩展到俄罗斯全境，增加水路（包括海运）的运输方式。

### 5.1.7　中俄农业合作的基础设施持续改善

远东是中俄农业合作的重点区域，为满足扩大对华粮食出口的储存和运输需要，近年来中俄联手在远东地区进行交通运输基础设施新建和改造。2016年"新陆路粮食走廊"项目启动,该走廊于2012年提出,旨在发展基础设施和提高粮食产量,把俄罗斯远东地区同中国北部的内蒙古连接起来。年转运能力达800万吨的后贝加尔斯克—满洲里粮食铁路运输货运站于2022年投入运营,2023年5月俄罗斯宣布将通过"新陆路粮食走廊"增加对中国的粮食出口。通过该走廊,俄罗斯对华粮食出口运输周期从3个月缩短至3周左右,提升了俄罗斯农产品的竞争力,并且促进了中俄贸易。此外,"新陆路粮食走廊"不仅可以让更多的俄罗斯小麦和其他农产品进入中国,同时也会通过中国进入其他亚洲市场。这条走廊为中国提供了加强农产品贸易、保障粮食安全和进一步多样化供应路线的机会,同时减少了全球贸易中与瓶颈有关的风险。未来,俄罗斯和中亚国家对中国的粮食和化肥出口预计会扩大,同时中国在全球和地区粮食贸易和安全中发挥的作用将加强。

2020年3月,中俄合作开发建设的扎鲁比诺港粮食码头投入运营。2023年2月,中国万吨级粮食运输船首次顺利完成在该港的粮食装船,未来,远东粮食对华出口海路运输规模将大幅提升。同时,随着中俄农产品贸易强劲增长,中欧班列已开通多列中俄"农业快车"和粮油专列,通过整车班列向中国运输农产品,实现了粮油产品常态化运输。2022年,中俄黑河—布拉戈维申斯克公路桥、下列宁斯科耶—同江铁路大桥相继开通,为未来中俄两国开展大规模农产品贸易提供了新的国际运输通道。

### 5.1.8 中俄农业全产业链建设初见成效

俄罗斯远东新政、中俄两国在远东规划的实施以及中俄大豆合作规划的落地,为中俄两国农业全产业链建设带来机遇,并已取得初步成效:从最初单纯的种植和养殖领域逐步向农业全产业链延伸,投资领域涉及农产品加工、现代化仓储设施建设、销售和物流网点布局等环节,一些规模企业已初步形成了较为完整的跨境农业产业链。

从农业发展的上游来看,比如种子的问题,俄罗斯对种质问题控制非常严格。目前,中国已有9个大豆品种出口俄罗斯,并在远东地区开始试种;2022年3月,由黑龙江农科院绥化分院和佳木斯分院培育的绥农42及合农95两个大豆品种已在俄罗斯国家品种登记委员会登记,并列入了俄罗斯品种准入目录。事实上,作为农业大国,除了大豆种植历史悠久、种质资源丰富外,中国的水稻、玉米等种子也非常有优势,我国农业泰斗袁隆平院士研究的杂交水稻已在世界上许多国家成功种植,为解决世界粮食短缺做出了巨大的贡献。未来,在种子问题上与俄罗斯合作还有很大的潜力可挖。

从农业发展的中游来看，主要体现在种植及养殖方面。黑龙江省作为我国的农业种植大省，与俄罗斯边境线毗邻最长、口岸对接最多，中俄农业合作方面，黑龙江省走在全国的前列。资料显示：目前，黑龙江省在俄罗斯投资企业已达到 187 家，总投资总额 7 亿多美元，在俄远东种植面积达到 1 400 多万亩；在种植结构方面已经形成了以种植大豆为主，种植玉米、水稻、小麦为辅的粮食种植结构；2018 年种植黄芪、赤芍、桔梗等中草药，种植面积达到 4 000 公顷。在养殖方面，养殖主要种类为鸡、猪、牛，截至 2019 年底，黑龙江省企业在俄罗斯畜牧养殖生猪存栏量达 5 万头、牛 7 300 头、禽 39 万只。在粮食加工方面，对俄罗斯境外农业合作主要以大豆、玉米和水稻加工为主，也包括粮食加工的下游产品，如豆粕以及加工膨化颗粒饲料等。中俄农业合作产业链逐渐拓展，已由农业种植延伸到禽畜类养殖、粮食加工、饲料加工、仓储、物流，为全国各省与俄罗斯农业合作树立了典范。

从农业合作发展的下游来看。随着互联网及跨境电商的发展，独具俄罗斯特色的奶粉、冰激凌、面包、葵花籽油、俄罗斯面粉等纷纷登上了中国百姓的餐桌；中国的美食也已经远赴俄罗斯，走进了俄罗斯寻常百姓的家。中俄两国还设立了农业投资基金，积极推动中俄投资合作试点平台建设，并成立了中俄农业合作园、科技园和农业自贸区等，逐步形成了"两头在外"的产销模式、"订单种植"及"两国双园"等多种灵活的创新合作模式。同时，两国还积极推动中俄粮食跨境运输通道建设，进一步提升农产品过境运输的效率。特别值得一提的是，随着俄乌关系的不断恶化，俄罗斯粮食出口西方的通道基本被"堵死"，2022 年 9 月 6 号，俄罗斯总统普京下令启用俄罗斯外贝加尔斯克—满洲里铁路粮食运输走廊，运输时间由 3 个月缩减到 3 周左右，大大缩短了两国运输的距离，降低了成本，减少了海运风险，为将来中俄农业深度合作奠定了基础。

在中俄农业全产业链构建方面，佳北远东控股公司已做出了有益的探索，并取得了初步成效。该公司充分利用俄罗斯远东"一区一港"的优惠政策，企业入住俄罗斯滨海边疆区的米哈伊洛夫斯基超前发展区及扎鲁比诺和符拉迪沃斯托克两大自由港，2019—2021 年，投资已超过 10 亿卢布，租赁土地 4 500 公顷（2021 年）种植水稻、大豆、玉米，并进行储运、加工及港口转运，将俄罗斯优质农产品回运中国，打造了一条农业垂直产业链。因为其卓越的贡献，该公司在 2021 年获得俄罗斯远东最佳外国投资商称号。

中国与俄罗斯开展农业合作效益较为显著，双方的农业产业化合作格局初步形成，构建起了农业种植、养殖、加工和销售产业合作链条，走出了一条农村剩余劳动力跨国转移的新路子，对我国商品粮基地建设具有重要的战略意义。

## 5.2 中俄农业合作中存在的问题

基于对国家粮食安全的一致认同，中俄农业合作快速发展，但合作水平和质量与两国农业发展潜力相比还有较大差距。中俄农产品贸易规模较小、贸易政策限制较多、农业投资风险高、基础设施无法有效对接等问题制约了中俄农业合作的深度发展。

### 5.2.1 中俄农产品贸易规模较小、占比较低

党的十八大以来，两国通过元首外交，有力地促进了中俄两国经贸关系的发展。两国农产品贸易额从2000年的6.18亿美元增加到2020年的55.5亿美元，2022年两国农产品贸易额近70亿美元，其中俄对华农产品和粮食出口保持高速增长，出口额同比增长44%。目前，中国是俄农产品食品第一大出口对象国，是俄蜂蜜、大豆、燕麦、牛肉、家禽肉产品、鱼类和水产品，以及菜籽油、亚麻籽油等油脂类产品最主要的进口国之一。但相对于已突破千亿美元的中俄贸易规模来看，70亿美元的农产品贸易额，仍显规模太小。究其原因，中俄两国一直将能源作为两国贸易发展的重点，农产品贸易并不占主导地位（如图5-7所示）。另外，随着中俄贸易规模不断扩大，中俄农产品贸易在中俄整体贸易中的占比却一直维持在4%～5%（如图5-8所示），波动不大。

就农产品贸易种类而言，中国向俄罗斯进口农产品的结构单一现象相比于出口而言更为明显。2021年中国水产品的进口额占中俄农产品贸易额的比例虽然有一定幅度的下降，但依旧占据43%的份额，动植物油、脂类产品占据23.02%的份额，仅水产品和油脂类产品就占据了中国自俄罗斯进口农产品总份额的近70%，贸易结构失衡现象严重。目前两国农业贸易合作的产品主要以初级农产品为主，对于深加工、高附加值的农产品贸易还处于比较缺乏的阶段，对农产品加工环节的投资也明显不足，严重影响了两国农产品贸易合作的升级。

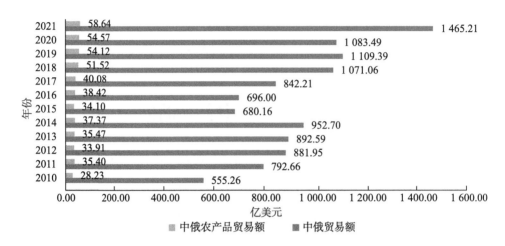

图5-7　中俄农产品贸易额与中俄贸易额的对比

数据来源：根据UN comtrade数据库数据整理计算所得。

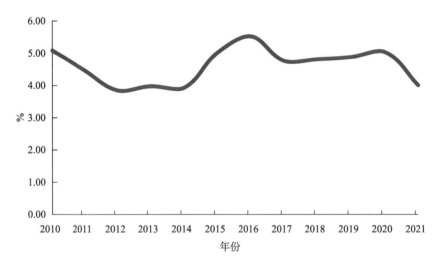

图5-8　中俄农产品贸易额占中俄贸易总额的比重

数据来源：根据UN comtrade数据库数据整理计算所得。

### 5.2.2　中俄农产品贸易政策限制较多

由于农业的特殊性，世界各国对农产品贸易限制较多。比如，俄罗斯为了降低对欧盟农产品依赖，在国内实施进口替代政策，当2020年新冠疫情暴发后，俄罗斯随即采取了对俄罗斯粮食出口征收高关税政策，限制其粮食的出口。俄罗斯为了保证国内粮食供应充足，以及防止农产品和食品市场价格上涨，进一步保护发展本国农产品深加工产业，频繁调整农产品出口政策，为贸易增加了更多的不确定性。

而我国出于对农业病虫害防治的考虑，对自俄罗斯进口农产品也有较多限制。中国主粮安全立足国内自给，小麦、玉米和大米等谷物进口在国内总供给中的比重控制在5%以内。对进口谷物实行进口配额和质量管理制度，进口的目的主要是稳定国内供应和改善供应结构。俄罗斯小麦等谷物进入中国市场，需要遵循相关制度和程序规定。主要包括三方面的限制，一是落地加工限制。对于小麦、大麦、玉米、稻米、葵花籽、油菜籽、大豆等多种产品需要在定点加工厂进行加工后方可运出。且大部分属于仅限对俄劳务输出种植并返销的农产品，大量进口依然存在困难和阻碍。二是进口配额限制，实施关税配额管理，配额内的关税为1%，配额外的为65%。因此没有进口配额的情况下，进口成本巨大，产品没有竞争优势。三是对进口企业资质有限制。中国企业要从事进口粮食贸易业务，除了一般经营性企业所必需的工商、税务、对外贸易资格等手续外，在注册的营业范围内还应包括粮食经营资格，具备卫生许可证和粮食进口监管条件。比如，虽然中国是世界上最大的大豆进口国，但直到2019年才允许俄罗斯全境大豆出口至中国，而俄罗斯全境小麦出口至中国是在2022年2月24日之后才放开。这说明了中俄两国农产品贸易深受两国贸易限制政策的影响。

除此之外，两国在非关税政策方面也设置一些"障碍"，例如进出口检验检疫。在中国大豆紫斑病不作为检疫性病害，可以正常放行，但俄罗斯却认为大豆紫斑病是大豆的检疫性病害，一旦发现须全部销毁。在俄种植大豆的农户大多为中国人，如果忽视了对紫斑病的防治，将会遭受严重损失。同样，黑龙江的水果出口到俄罗斯，需要产地出具检验检疫证书等，而不是在出口地检验，使出口手续更加烦琐。2022年1月1日生效的海关248号令《中华人民共和国进口食品境外生产企业注册管理规定》，规定所有进口食品生产企业都需境外生产企业在中国海关进行注册，这对国内进口企业以及俄罗斯出口企业的资质提出了更高的要求和标准。因此，两国实施的"贸易保护政策"，也制约着两国农业合作的深入发展。

### 5.2.3 对俄农业投资面临的风险高[①]

中方赴俄投资农业的企业，除少数国有企业之外，多为民营企业，投资呈现分散化、规模小的特点，这些企业资金实力和管理能力相当有限，一般都缺乏抵御风险的能力。企业稍有不慎就会亏损，从而影响投资经营信心。对俄农业投资的风险

①杨雷，刘燚飞，何里程.中俄农业合作中的突出问题与对策[J].欧亚经济，2021（3）：110-124，126.

主要来自两个方面：一是自然风险。因俄罗斯自然环境、天气状况不稳定，以及其他一些不确定性因素，可能导致中国企业在俄罗斯的农业投资受到较大影响。一旦出现异常天气或其他自然灾害导致农业减产，投资企业有时候会血本无归。2019 年俄罗斯远东联邦区和西伯利亚联邦区遭受暴风、强降水和洪水等自然灾害，对在俄投资生产的中国企业造成了巨大打击。虽然部分中国企业可以通过购买保险等措施部分弥补自然灾害带来的损失，但绝大部分赴俄企业并未购买保险。因此，自然灾害带来的损失难以弥补。二是法律和技术风险。俄罗斯的法律体系与中国差异巨大，主要表现为俄罗斯的法律相比中国更为细致严苛，特别是在食品安全领域，一旦中国企业被判违法将会受到俄方的重罚，这经常造成企业在当地经营的失败。比如，俄罗斯对农业生产安全、生态环境保护、农药化肥使用等有严格规定，且境内禁止种植转基因农作物，许多在俄经营的中国农业企业因不了解当地法律而受到严重处罚。在农业技术规范上，俄罗斯的技术规范详细而严格（如俄罗斯的种子与农药技术手册厚达数百页），而赴俄进行农业投资开发的中国企业严重缺乏俄语知识和相关技能，使其违反俄罗斯技术规范的概率很高，极易造成企业损失。例如，俄方不允许中国企业自带种子、农药、农机等生产资料，虽然近年来俄方对待中国种子的态度有所松动，但中国企业仍需在俄方购买农药和农机。当中国企业使用俄方销售的农药、农机时，由于语言问题可能产生误用，甚至出现违反当地技术规范的现象，这也会给企业造成损失。

### 5.2.4  中俄农业合作的硬设施无法有效对接

目前中俄两国在农业基础设施建设方面的合作进展较为缓慢，无法满足双方进一步深化农业合作的需要。

俄罗斯远东地区地广人稀，该地区的交通网络铺设铺盖并不充分，其基础设施主要还是二十世纪五六十年代建设的，年久失修、长期投资不足的问题比较突出。农产品加工、农产品物流、仓储等农业基础设施和配套不完善，口岸硬件设施落后，根本无法实现有效对接，难以满足当前农产品跨境物流运输的需要。西伯利亚大铁路是联通俄罗斯东西部的交通大动脉，但由于气候和地质等问题，这条铁路的运行速度较慢，线路单一，运载量有限，且俄罗斯境内缺少高速公路作为农产品短途运输的灵活补充。俄罗斯远东地区面积广大但人口稀少，耕地缺乏水利灌溉设施，土地开垦成本很高，企业开展农业合作的前期投入很大。产出粮食后本地市场容量又有限，中国企业在俄罗斯本土生产的农产品需要出口外销，但远东的公路、铁路破败不堪，运费极高。我国每吨货物的铁路运输成本约为每千米0.15元，公路约为每千米0.2～0.4元，而俄罗斯分别是1.7元和7.4元[①]，远远高于我国，抵销了农业企业大部分出口效益。相对于公路和铁路，水运是高效率低成本的农产品运输方式，目前北极航线已经开通，但俄罗斯远东缺少与海运配合的内河运输，农产品从资源产地到集装港口依然主要依靠陆路运输，不利于中俄两国农产品贸易的进一步扩大。

### 5.2.5 中俄农业科技合作水平偏低

科技是现代农业体系中十分重要的生产要素之一，两国农业科技合作的水平直接反映了现阶段两国农业合作的整体水平。近年来，尽管中国农业科研机构与俄罗斯相关的农业科研院所建立了双边的国际农业合作关系，双方利用各自优势，在推进农业科技人才交流、先进农业技术引进、农业生产管理经验交流、生物技术、防减产技术、栽培技术、农田水利灌溉等方面展开了很多有益的交流与合作，但是由于科研单位资金与实力有限，在缺乏政府的资金支持和相关政策支持的情况下，往往导致农业科研合作项目落实较难，形式大于实质，专业度和科技含量都还不够高，停留在低水平状态，从理论到应用层面的科技转化率较低，中俄农业科技合作真正进入两国农业生产实践并成功应用的技术很少。目前，两国农业科技合作的部门不仅缺乏整体的共识和统一的引导，还缺乏政策的支持和资金的扶持，因此难以保证农业科技合作的效益转换，也无法形成科技成果转换的有效模式，进而产生市场效益，服务于新时期进一步深化中俄农业合作的大局。

### 5.2.6 中俄农业合作保障机制尚待健全

目前，中俄农业合作的保障机制不健全，主要表现在：首先，尚未建立起完善的境外农业开发补贴机制，缺少农业补贴政策支持。农业合作项目周期长、投入大，并受自然条件影响，支持企业"走出去"前期有必要给予适当补贴，叠加日韩等在俄农业投资企业都有国内补贴和政策支持，加大了我国企业参与境外农业开发的竞争压力。其次，农业信息不畅。优良的农业贸易与产业化合作信息服务体系是双方开展农业全产业链合作过程中的一个重要推动因素和基础条件。目前，中俄之间农产品网络贸易信息平台的建设落后，各农业生产主体获取土地、农产品价格、

---

① 高忠坡.中俄农业合作形势及促进策略研究[J].黑龙江粮食，2021（12）：26-29.

科技服务、通关、劳务人才、回运等信息资源的渠道不畅，导致农业生产决策具有滞后性和信息不对称性。对俄投资的农业企业之间缺乏交流，致使生产和投资有很大的盲目性。最后，企业融资难。参与俄罗斯农业投资的主体以民营企业为主，随着双方农业合作的不断深化，其投资领域已由种植业向养殖业、农产品加工和运输物流领域不断延伸，导致形成项目所需资金量呈几何增加的势态。但是由于一般农业投资项目具有周期长、风险高、回报慢等特点，所以这些企业在办理商业贷款时经常遇到较大困难，很难获得金融机构的资金支持。而且，俄罗斯方面对涉及双方农业合作生产过程的种子、农机设备、化肥农药等方面的审批十分复杂，过境费用很高，这些问题导致很多被双方十分看好的农业投资项目因后期投入不足、融资难，最后无疾而终。因此，中俄双方应创新农业金融合作模式，通过共建农业合作基金或其他金融创新工具共同推动双方资金融通，克服资金投入短缺的困难，这是中俄农业持续长远合作的重要保障。

# 5.3　中俄农业合作新机遇

俄罗斯是世界上唯一一个所有资源都能自给自足的国家，其耕地面积达1.42亿公顷，人均耕地面积0.86公顷，远远高于世界人均耕地水平。中俄两国互为最大邻国，双方有着4 300多公里的共同边界，发展农业合作有着得天独厚的地理优势。但是目前两国农业合作的规模和水平远远滞后于两国的经济发展速度。随着2014年俄罗斯全面禁止对其制裁国家的农产品进口以及美国针对中国发动的贸易战，中俄合作关系受战略趋同影响，正寻找新的利益共同点，中方"一带一路"建设的实施，为中俄农业合作打开了新的空间，特别是中美贸易摩擦加剧直接给中俄农业合作带来新的合作项目，大豆将成为中俄农业合作的"新亮点"。

## 5.3.1　中俄新时代全面战略协作伙伴关系为中俄农业合作奠定政治基础

2019年6月中国国家主席习近平访问俄罗斯，推动中俄全面战略协作伙伴关系大踏步迈入新时代，迈向更高水平、实现更大发展，将两国关系提升为"新时代中俄全面战略协作伙伴关系"，并签署《中华人民共和国和俄罗斯联邦关于发展新时代全面战略协作伙伴关系的联合声明》（以下简称《联合声明》）。在双方农业合作方面，《联合声明》强调，未来双方扩大并提升农业合作，不仅是技术上、贸易上的合作，还要发挥资本的作用，深化两国在农业方面的投资额度和投资方向。积极开展两国农产品食品相互市场准入合作，扩大双方优质农产品食品贸易，并特别强调支持两国企业开展大豆等农作物生产、加工、物流与贸易全产业链合作。克服农业食品进出口贸易过程中的检疫检验问题，双方加强市场准入合作，研究合作领域的互认品种、质量标准，特别是扩大中俄两国非常优质的农产品食品互认贸易。文件中还指出，要有重点地扶持农业品种。针对我国急需的大豆产品，中俄双方要支持在大豆等农作物的全产业链的合作发展，既要重视生产加工过程的质量，也要推动物流与贸易方面的效率，真正将中国急需的、俄罗斯盛产的高质量的大豆产业发展起来。

在联合声明的指导下，我国政府主动作为，出台了两个重要文件，一个是《深化中俄大豆合作的发展规划》，对双方元首签订的《联合声明》中大豆产业发展的有关问题进行了具体化，为扩展和深化两国大豆生产、贸易等方面的合作提供规划引领，指明了大豆产业的发展方向，推动双方大豆贸易与合作驶入快车道，为中俄双边务实合作注入了新动力，为全面扩展和深化两国大豆贸易与全产业链合作奠定了重要基础，也将对优化两国贸易结构产生深远影响。另一个是及时签署《关于中国允许进口俄罗斯粮食和油籽及其副产品产品名录和进口规模议定书》，允许从俄罗斯全国范围进口大豆，允许从俄罗斯全国范围进口豆粕、油菜粕、葵花粕以及油饼和甜菜浆，并对双方进口粮油产品的规模进行明确。同时，为了减少两国农产品贸易中一些制度上的障碍，对影响两国农产品贸易的检疫检验规定进行了修改完善，对有关大豆、玉米、大米等农产品检验检疫的规定也进行了修订，为提升俄罗斯农产品对我国出口提供了具体的政策支持。

2020年9月俄罗斯政府正式批准《2024年前远东发展国家纲要及2035年远景目标》，规划中俄"远东—东北"在路桥建设、能源、北极航道、工业、农林等领域展开合作。2021年，中俄以庆祝《中俄睦邻友好合作条约》签署20周年为新起点，推动两国战略协作和全方位务实合作取得一系列新成就，其中农产品和农业合作成为中俄经贸发展中的"新的增长核心点"。2021年9月，在第六届东方经济论坛上，双方表示将大力支持俄罗斯远东地区与中国东北的经贸合作，并提出了到2024年中俄双边贸易额要实现2 000亿美元的目标。面对当前复杂的国际形势，中俄两国新时代全面战略协作伙伴关系持续提升，两国元首互动频繁，为中俄经贸发展打下了良好的政治基础。

目前中国农产品需求呈现刚性增势，对国际市场的依赖进一步加强，为确保粮食安全，努力实现进口来源多元化已成必然。商务部公布的《中国农产品进出口月度统计报告》显示，2022年中国农产品进口额为 2 360.6亿美元，其中来自俄罗斯的农产品进口额为 61.11亿美元，所占份额仅为 2.59%。而俄罗斯作为农业资源大国，在满足本国国内市场需求的同时，仍具有较大出口潜力。因此在两国政府政策的支持下，中俄农业合作上升空间巨大。

### 5.3.2 俄罗斯远东开发新政为中俄农业合作提供发展空间

从俄远东开发政策看，无论是沙俄时期还是苏联时期，对远东主要采取的隔断、封闭政策，导致俄罗斯远东经济落后。普京执政后，俄罗斯"东向"发展战略日渐清晰，特别是2014年以后，面对西方国家制裁，俄罗斯不断加大对远东地区的开发与开放政策，并恰逢我国共建"一带一路"倡议的深入实施，为中国农业企业"走出去"提供了崭新的机遇，也为中俄两国农业深入合作提供了更广阔的空间。

2013年俄罗斯发布《俄罗斯远东和贝加尔地区社会经济发展国家规划》，自2014年起俄罗斯在远东相继推出了一系列前所未有的优惠政策，吸引了更多的中国企业和个人远赴俄罗斯进行跨国农业合作。

第一，"一区一港"政策。"一区"即跨越式发展区或超前发展区，在超前发展区内投资可以享受税收减免、税收优惠、手续简化等6项优惠政策，截至目前，除了马丹加州全境为经济特区制度外，在其余10个远东边疆区内，设立了22个超前发展区，其分布如图5-9所示。

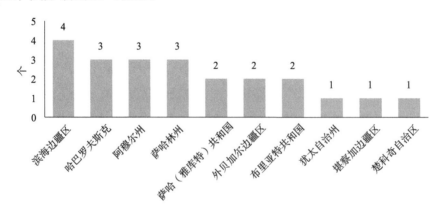

**图5-9 俄罗斯超前发展区分布**

资料来源：俄罗斯远东发展部。

其中，与农业有关的，如农业种植、食品加工、鱼类产品及加工等超前发展区共有12个，包括滨海边疆区的米哈伊洛夫斯基；哈巴罗夫斯克边疆区的阿穆尔河畔共青城及尼古拉耶夫斯克；阿穆尔州的白城；萨哈林州的南区、千岛群岛；萨哈（雅库特）共和国的雅库特；犹太自治州的阿穆尔—兴安岭；堪察加边疆区的堪察加；外贝加尔边疆区的外贝加尔；布里亚特共和国的布里亚特及谢列金斯克。特别是12个超前发展区中有8个与黑龙江省和内蒙古自治区毗邻。因此，远东超前区的设立为中国与俄罗斯发展农业合作创造了条件。

第二，"一港"即自由港群的规划与建设，主要是凭借远东优良的港口资源，以符拉迪沃斯托克自由港为中心，将分布在日本海和鄂霍次克海沿岸的主要港口打造成远东"港口群"。目前，依托俄罗斯联邦《符拉迪沃斯托克自由港法》规定，入驻自由港的企业可享受税收减免、外来劳动力不受限制、简化审批程序等8项特殊政策。特别是位于滨海边疆区的符拉迪沃斯托克自由港，作为远东地区最大的城市，俄罗斯为数不多的不冻港，2012年俄罗斯花重金将其打造成国际会议中心以来，在符拉迪沃斯托克已连续召开七届俄罗斯东方论坛，将全世界目光吸引到了符拉迪沃斯托克，究其原因，就是俄罗斯希望通过开放、吸引外资，促进远东地区的真正的开发，这为中国企业在远东地区投资带来了发展的机遇。

第三，赠送1公顷土地。根据2016年5月2日俄罗斯颁布《远东1公顷土地法》，自2016年6月1日起，俄远东联邦区部分地区居民可在俄远东联邦区无偿获得至多1公顷土地；从2016年10月1日起，俄远东联邦区所有居民可享受这一权利；从2017年2月1日起，俄所有公民可享受这一权利。截至2021年2月，约8.9万名俄罗斯公民成为"一公顷免费土地"拥有者，共计获得6.1万公顷土地。在"一公顷免费土地"获得者中，有42%将其用于农业生产，38%用于个人住房建设，7%用于旅游开发，10%用于经营活动，3%用于其他类型活动，包括科学、环保和教育等[①]。

第四，2018年11月7日《中俄在俄罗斯远东地区合作发展规划》获批，为中俄两国远东地区合作谋划并绘制了蓝图。特别是在规划中明确规定了农业是中俄在远东地区开展经贸合作的优先领域。其农业发展的优势包括超过250万公顷的播种面积和400万公顷牧草和干草区，可养殖家禽、奶牛和肉牛，可种植大豆、玉米、小麦、水稻、大麦和油菜，这对于中国而言极具吸引力。

近年来，随着两国对远东地区合作开发达成共识，中国企业赴俄开展农业合作与开发的步伐加快，取得了显著成效，比如哈尔滨东金集团、东宁市的华信集团、四川省的西林集团等均在俄罗斯远东通过承租土地，建设了大型的现代化的种植基地，种植大豆、玉米、小麦等，再将农作物返销回国内产业园区加工和销售。构建

---

① 高际香. 俄罗斯远东开发战略评估：从"东向"到"东向北向联动"[J]. 俄罗斯学刊，2022（1）：5-29.

起了初步的跨境农业产业链，不仅满足了国内粮食需求，同时对俄罗斯而言，中国企业进驻，为俄罗斯带去了先进的种植技术、先进管理经验、先进的大型机械设备等，也为俄罗斯当地居民提供了工作岗位，增加了他们的收入，提高了他们的技能，让荒凉的俄罗斯远东地区变得充满生机和活力。

### 5.3.3　深化大豆合作为中俄农业合作提供新的增长点

中国是世界上最大的大豆消费国，我国大豆消费的对外依存度非常高，进口量占消费量比例达85%左右。2017年我国大豆消费量超过11 000万吨，而产量仅为1 500万吨左右，进口量高达9 600万吨。2017年美国向中国出口大豆3 285.4万吨，占中国当年全部大豆进口量的34.22%。这使得大豆成为美国对中国仅次于飞机的第二大出口产品。中国从美国进口的大豆占美国出口量的60%以上[①]。由于中美贸易摩擦持续升级，从2018年7月中国对美大豆加征25%的关税之后，中国基本停止从美国进口大豆。2018年，美国向中国出口大豆仅为1 664万吨，同比下降49%，仅占中国进口大豆总量的18.9%。

俄罗斯耕地土层深厚、有机质含量丰富，最适于大豆的生长，俄罗斯拥有全球近1/3面积的黑土带，具有扩种大豆的巨大潜力。从俄罗斯的主要农业区自然条件来看，气温、积温及降水等自然条件均利于大豆的生长。当前西伯利亚及远东地区大量肥沃土地尚未开垦，拥有巨大的开发及种植大豆潜力。此外，中国与俄罗斯陆路相连，交通便利，中俄之间大豆贸易具有着得天独厚的地理优势。如果充分优化各种有利资源，俄大豆年产量将有望超过3 000万吨。

当前，外部大局势动荡、小局势不稳，对国际粮食生产产生了不利影响。虽然中国粮食连年丰收，但人多地少以及粮食进口的过渡集中的现实带来了比较大的风险，大豆处在农产品的上游位置，任何不稳定因素都必须彻底排除，努力实现大豆进口来源多元化。中美贸易战使中国市场出现3 000多万吨大豆供应空缺，俄罗斯远东地区在填补这一空缺方面有很大地域优势。俄罗斯食品和农产品信誉度一向很高，都是非转基因产品，质量非常好，俄罗斯远东地理上紧邻中国，物流上也有优势。中俄双方开展大豆贸易有很强的互补性，符合双方战略利益，既能满足中国对大豆进口渠道多元化要求，又能为俄罗斯农业发展和中俄农业合作提供新的增长点，是中俄都乐于见到的互利双赢合作模式。

---

① 中美"贸易战"，为什么大豆最受关注？[EB/OL].（2018-04-04）. https://baijiahao.baidu.com/s?id=1596813538950700780&wfr=spider&for=pc.

2019 年 6 月，中俄两国共同签署了《关于深化中俄大豆合作的发展规划》（以下简称《规划》），就扩大大豆贸易，深化种植、加工、物流、销售、科研等全产业链合作达成重要共识，并提出力争到 2024 年自俄罗斯进口大豆 370 万吨的目标，两国大豆全产业链合作迈出了关键的一步。2019 年 7 月，中国海关总署发布公告，将自俄罗斯进口大豆的产区由原来的远东五个州区扩大到全境，并增加海运等运输方式。

资料显示，2019 年 8 月，《规划》发布 2 个月后，首批获批的 400 吨大豆已运回国内，2019 年全年从俄罗斯进口的大豆达到 73.25 万吨。虽然与中国每年上亿吨的大豆进口相比，从俄罗斯进口的大豆还微不足道，但随着规划的落实，中俄大豆贸易合作还有巨大的提升空间。俄罗斯远东地区目前还有 1 200 万公顷的农业用土地尚未开发。2019 年 5 月，中国企业佳沃北大荒农业控股有限公司与俄方签署一项投资 97 亿卢布（约 10.36 亿人民币）的协议，将在俄罗斯滨海边疆区租赁 3 500 公顷的土地用于种植大豆，而且这个项目的规模有望扩大至 5 万公顷，并建造一个年产能高达 24 万吨的大豆加工厂。俄政府也在促进大豆产量增加，加强远东农业基础设施建设，解决粮仓严重不足等问题方面做了很多工作。俄罗斯经济发展部部长奥列什金在 2019 年东方经济论坛期间曾表示："2019 年俄罗斯有能力将大豆对华出口量扩大到 100 万吨，但俄方的大豆出口潜力比这要大许多，可达 1 000 万～2 000 万吨。"加强中俄大豆贸易合作是两国在当前复杂国际形势下的必然选项，也是推动实现中俄 2 000 亿美元贸易目标的助推器。中国在非转基因大豆种植、农业机械和加工设备生产方面拥有先进的现代技术。未来如果引入中国技术，将有助于俄罗斯的农作物生产逐步过渡到集约化农业生产模式，俄罗斯丰富的土地与中国劳动力、技术、机械以及广阔的市场等形成有机互补，必将为中俄农业合作带来更大的发展机遇。

# 5.4 中俄农业合作新挑战

市场和经济是推动农业合作的重要动力和主要目标。中国和俄罗斯拥有巨大的农业市场需求和潜力，双方农产品贸易量也在不断增加。两国农业合作可以通过加强贸易和投资合作，共同开发市场、提升产品附加值、扩大农产品出口。

## 5.4.1 美国及其他西方国家制裁的影响

在乌克兰危机背景下，欧美国家为制裁俄罗斯，对俄罗斯的金融、高科技、能源等重要领域采取了一系列制裁措施，其影响之大，涉及领域之广都是空前的。其中，对俄罗斯经济极具破坏力的是在金融领域的制裁。

首先，禁止俄罗斯使用SWIFT结算系统。这意味着俄罗斯的主要金融机构都不能进行跨境结算，跨境金融体系面临着停摆，这对于俄罗斯的金融体系和对外贸易无疑是致命打击。其次，将俄罗斯的一些金融机构和个人列入特别指定国民清单（SDN）黑名单。意味着美国任何企业和个人都不得与列入该清单的机构和个人进行资金往来，且不能用美元结算，基本中断了俄罗斯的对外贸易。再次，冻结俄罗斯外汇储备。俄罗斯央行在国外的3 000多亿美元储备被冻结，而且黄金储备不能兑现。2022年3月，为了进一步制裁俄罗斯央行的黄金交易，伦敦金银市场协会暂停了俄罗斯贵金属精炼企业的优良交货商资格，这导致俄罗斯央行的2 000多吨黄金储备不能变现，且俄罗斯新生产的黄金也不能在伦敦市场交易[①]。

欧美国家对俄罗斯金融领域的制裁严重阻碍了俄罗斯对外贸易。仅从中俄农业贸易的角度，俄罗斯资产被冻结意味着对外偿付能力不足，可能会被迫减少从中国的农产品进口量，对中俄农业贸易额造成冲击；冲突引发卢布汇率剧烈波动，为了避免卢布大幅贬值，俄罗斯中央银行需要消耗大量国际储备资产入市来稳定汇率，从而导致外汇储备不足；因为卢布预期贬值，俄罗斯企业和个人为了保障财产安全，将资金转至海外，造成了大量资本外流。不仅如此，卢布贬值还会冲击中俄边境贸易，中俄边境省份黑龙江办理边境结算使用的货币90%以上是卢布，如果卢布继续"暴跌"，中国企业将不再愿意用卢布结算，从而转向人民币或美元结算，这对俄罗斯来说短期内无法实现；再者，如果仍然使用卢布结算，卢布贬值会促使中国企业通过提高农产品和服务价格来转嫁成本，会对俄罗斯民众的购买力造成影响，而且还面临着高额关税，中国对俄罗斯的出口贸易总额会大幅下降。在这些因素的影响下，俄罗斯自2016年刚刚实现的中俄农产品贸易顺差可能不复存在。

面对欧美国家的围追堵截和层层加码，俄罗斯采取了一系列反制措施来保护本国金融体系，例如提高中央银行基准利率，遏制通货膨胀、建立本国支付系统（SPFS）以减少退出SWIFT带来的影响、对俄"不友好国家"只能用卢布结算天然气、在国际储备中增加坚挺的人民币资产，加快"去美元化"进程等。虽取得了一定的成效，但有的措施也会"误伤"中俄农业贸易合作。

2022年3月，在欧美国家的逼迫下俄罗斯拟将退出WTO，一方面是因为俄罗斯2011年加入WTO，至今仅仅12年，并没有像中国一样长期享受到WTO带来的高额

---

① 陆南泉. 美欧制裁对俄罗斯经济与中俄经贸关系的影响 [J]. 黑河学院学报，2022，13（12）：1-5.

红利，WTO 在经济方面带来的利益对俄罗斯来说不再具备吸引力；另一方面，欧美国家已经停止了对俄罗斯的最惠国待遇，而加入 WTO 最主要的利益就是最惠国待遇带来的保护和贸易低关税，所以俄罗斯选择退出 WTO。对于中俄农业贸易而言，俄罗斯退出 WTO 短期内会导致两国贸易关税税率上升，增加了贸易成本从而减少了贸易量。中国从俄罗斯大量进口的水产品、油脂产品等短时间找不到合适的进口替代国，会导致贸易转移效应发生，向中国消费者转嫁过多的消费税，造成经济福利水平降低。

美国及其他西方国家的金融领域制裁对俄罗斯的国际贸易造成了极大的打击，但也促成了中俄之间的合作关系，虽然短期内的负面影响难以消除，但不无可能会产生新的贸易机会，只是在当前国际局势复杂难测的条件下，中俄农业贸易合作仍存在难以预测的挑战。

### 5.4.2   经济利益的冲突

虽然中俄合作关系已经发展到成为"新时代中俄全面战略协作伙伴关系"，但中俄在商贸领域的合作很多时候仍会因为经济利益冲突而失败。在《中俄区域合作规划纲要》颁布之后，中方本着互惠互利、合作共赢的态度积极按照纲要推动合作进程，然而俄罗斯有许多人认为中俄合作追求的国家利益不同，对中俄合作并不看好。俄罗斯的一些专家认为，中国应当在俄罗斯"潜力项目"上加大投资，并开放中国市场，让俄罗斯企业平等进入中国，利用中国广大的市场获利。而中国需要的是俄罗斯的自然资源，中国应当在俄罗斯本土对开采的自然资源进行深加工，增加附加值的同时能创造更多就业岗位，拉动俄罗斯经济发展。针对开放中俄边境自贸区问题，俄方认为中国的轻工业品在中国市场已经饱和，需求量不会大幅上升，而俄罗斯对质优价廉的中国轻工业品十分青睐，且需求量大，所以中国应当在俄罗斯建立边境自贸区展示商品；对于中国需要的木材、水产品等，由于国际市场上供不应求，俄罗斯认为没有必要在中国建立边境自贸区展示，中国只需在需要时与俄罗斯进口供应商签订合同，自行组织进口，俄罗斯不会对此建立任何设施。中俄两国在国家战略意图的理解方面尚存在分歧，俄罗斯为了促进本国经济增长与中国合作，中国因为自然资源供需不平衡而提出与俄罗斯合作，客观问题难以解决，所以妥善解决两国经济利益分歧并不容易。

不仅是国家层面的合作，在民间贸易领域也存在很多经济利益冲突，最为典型的还是 2009 年的"灰色清关"事件。"灰色清关"业务的存在有很多原因，首先，是因为俄罗斯人对通过"灰色清关"输入的轻工业品有很大需求，这样物美价廉的商品对俄罗斯人来说是难以在国内买到的，所以在切尔基佐沃大市场骤然关闭之时，物价上涨50%，俄罗斯民众无不抱怨。其次，由于俄罗斯海关工作效率低，许多商品入境前需要经过很长时间，而且关税成本过高导致商品基本无利可图，所以许多中国商人抱有侥幸心理走"灰色清关"。再次，俄罗斯存在许多盘根错节的贪污腐败利益集团，通过"灰色清关"业务攫取大量钱财，甚至他们可以渗透到政府官员，为利益集团牟利。俄罗斯政府虽然了解"灰色清关"偷税漏税情况严重，对国家经济健康发展不利，一直都在做整治工作，但无法下决心取缔。直到2009年，由于俄罗斯国内的轻工业领域形式异常严峻，主要是因为通过"灰色清关"输入的大量廉价商品挤占市场，为了保护国家轻工业发展、尽早加入WTO、惩治国内腐败现象，俄罗斯终于下决心消除"灰色清关"，以维持正常的市场秩序。许多中国商人因此被查办，直接损失超过20亿美元，但由于与俄罗斯政府产生了经济利益冲突，其权益无法保障。

俄罗斯是资源富集的国家，过去只重视石化能源资源的开发利用而不重视农业资源，造成了国内食品高度依赖进口的局面。自2014年开始西方国家对俄罗斯进行的一系列经济制裁严重阻碍了俄罗斯能源对欧洲的出口，让俄罗斯意识到仅依靠石化能源出口并不能实现稳定发展，而且石化能源属于不可再生资源，不能满足可持续发展，但是农业资源却是可再生的，因此俄罗斯开始重视农业资源。开发利用农业资源有两个最大的好处：其一，可以减少对欧洲食品的进口依赖；其二，在全球节能减排的号召下，开发农业资源比石化能源更为环保，也更稳定，可以成为除石化能源外的第二大国民经济发展支柱产业。

中国的国情与俄罗斯基本相反，中国是劳动密集型、土地资源紧缺型国家，所以与俄罗斯进行农业合作自然是要用劳动密集型农产品换取更多、供应更稳定的土地密集型农产品，解决众多人口的吃饭问题；而俄罗斯是为了降低农产品的对外贸易依存度，开发利用农业资源以推动经济发展。这也就是俄罗斯希望中国企业在俄罗斯远东地区开发土地、投资建设农业物流基础设施、拉动当地就业的原因。诸如此类的经济利益冲突和战略意图分歧，无疑会制约中俄农业贸易合作。

### 5.4.3 经济安全威胁论的渲染

2022年，俄罗斯对中国开放远东地区的土地开发权，接纳1 600亿美元的投资，充分显示出俄罗斯上层领导人对中国的高度信任。但是，中俄合作仍存在"官热民冷"的状况，即两国领导人交流频繁，两国民众关系淡薄，甚至民间流传出"中国经济威胁论"，认为中国在俄罗斯远东地区的投资开发是在进行"经济扩张"，是觊觎俄罗斯远东地区的广大土地和丰富资源；中国每年向俄罗斯派遣大量的劳动人员从事贸易合作是在进行人口扩张，甚至认为这是"新殖民主义"。除此之外，对于中国投资者在俄罗斯远东地区的土地开发工程，虽然已经得到了俄罗斯政府的许可和支持，但俄罗斯民众却对此持怀疑态度，认为中国人在俄罗斯"大兴土木"是在为领土扩张、资源掠夺作铺垫[①]，再由于一些中国投资者开展项目时操作不规范、对环境保护重视度不足，导致一些环境破坏问题显现，这更引起了俄罗斯民众对中国投资者的不满情绪，民心不相通严重阻碍了中俄农业合作进程。

俄罗斯远东地区对中国的警惕心理由来已久。在20世纪80年代，俄罗斯人认为中国不断增强的军事实力是让他们有威胁感的因素；20世纪90年代到21世纪初期，俄罗斯人认为中国在俄罗斯的投资开发是在"领土扩张"，威胁领土安全；而到了21世纪20年代，随着国际局势的风云变幻，俄罗斯受到欧美国家的重重制裁，加之俄罗斯对中国的农业合作政策陆续推出，许多俄罗斯学者认为传统的威胁已经没有那么紧迫，而在粮食、能源这些关乎国民经济命脉的领域选择与中国合作，让俄罗斯人对国家自然资源安全、国家经济安全感到担忧。

当然，俄罗斯人的"中国威胁感"不会凭空产生。一方面，在一些俄罗斯民众的心目中，中国人喜欢聚居，从事繁重的体力劳动，中国商人总是在销售"假冒伪劣"商品，品行奸诈狡猾。正因为这些刻板印象，俄罗斯民众对中国人具有难以消除的隔阂与偏见。另一方面，中国近年来取得的成就举世瞩目，经济增速居世界主要经济体前列，而俄罗斯近年来由于乌克兰危机、西方经济制裁等因素，经济发展缓慢，对于投资开发愈加有心无力，所以俄罗斯向中国开放了远东地区的土地开发权。但是，中资项目在俄罗斯远东地区不断增多并没有让俄罗斯人认为这是为俄罗斯经济发展做贡献，而是认为中国劳务大量输入，"占领"广大远东土地并获取丰富的自然资源和原材料，虽然不会从政治层面收回远东的某些地区，但远东地区经济发展对中国的依赖感会远远大于俄罗斯其他地区，远东地区的实际掌握权也不一定还在俄罗斯，从而产生"新殖民主义"的言论[4]。除此之外，俄罗斯学者对于中国在远东地区采伐大量原木直接运回中国进行深加工，而不是在俄罗斯加工感到不满，认为中国只把俄罗斯当作原料产地，大量"掠夺"自然资源，也并没有对俄罗斯的经济发展做出实质性贡献，而且俄罗斯在双方合作中仅仅从事的是原材料、初

---

①刘怫翔.对中俄农业合作中的共识与分歧的研究[J].农业经济，2018（8）：15-17.

级产品贸易，利润并不丰厚，这将导致产业结构升级困难，难以利用自身丰富的资源拉动经济快速增长，只能成为中国的"附庸"。但是，中国从俄罗斯大量运回原木是因为中国对于木制林产品的需求量巨大，对外依存度接近50%，而且如果都在俄罗斯进行深加工，投资成本过高且运输成本增大，会造成投资减少和一定的资源浪费。

总之，一些俄罗斯人对于中俄农业合作持有的怀疑态度也许还需要很长时间才能消除，"经济安全威胁论"也确实对中俄农业合作产生了许多不利影响，会迫使俄罗斯政府在这样的舆论影响下采取一些限制措施，或多或少地会阻碍中俄农业贸易合作顺利开展。

### 5.4.4  文化差异的牵制

中国企业在俄罗斯难以"走出去"还有一个重要的原因，即两国的文化差异太大，两国人民的价值观迥异，这就导致中俄两国人民在许多方面会产生分歧，影响商务决策。俄罗斯文化是一种"泛欧洲"文化，与西方国家文化的相似度更高，而中国文化是延续千年的儒家文化，在一些思想上与欧洲文化完全不同。所以中国商人在俄罗斯的经营管理过程中常常出现不可调和的矛盾。

中国人对大自然的态度是敬畏的，自古以来遵循"天人合一"，认为世间万物都是相互联系的，是协调共生的，人应当遵守自然规律，以自然回馈自然，大自然才会给予人类更多的资源实现可持续发展。俄罗斯人却认为人是万物的中心，人定胜天，倾向于征服大自然。所以在农产品种植方面，中国农民更愿意使用农家肥，认为农家肥天然无公害，极易获取，成本极低，还具有养地增产功效；而在俄罗斯百姓心目中，农家肥过于恶心肮脏，而且对利用农家肥种植的农作物会产生不好的联想，种植农作物通常使用化肥。所以双方在农田施肥方面常常存在分歧。

不仅在农业领域存在分歧，中国企业因文化差异在俄罗斯投资失败的教训还有很多。2003年，浙江新洲集团在俄罗斯哈巴洛夫斯克收购了木兴林场，这是中俄两国政府背书的大项目，前景十分广阔，然而却在盈利颇丰的时期被俄罗斯黑帮同伙联合政府以莫须有的"盗伐"罪名坑杀，新洲集团被侵吞百亿资产；2014年，长城汽车在俄罗斯投资建厂，俄罗斯经销商不履行按期付款承诺，长城汽车直接损失5 840万美元，同样状告无门；2008年，俄方以打击走私和腐败行为为由，查封了总计约7 000柜集装箱、价值50亿美元左右的中国商品，并准备全部销毁；2009年，俄罗斯再次查封并销毁了中国商人22柜集装箱的童装与童鞋，给出的理由是，这些鞋子、服装存在有害物质，影响下一代的身体健康，但最终也没有提供相关检测证明①。这些中国企业进入俄罗斯市场失败的一部分原因是没有深入调研俄罗斯营商环境和法制环境，而深层的原因是俄罗斯与中国的文化信仰、社会道德观念冲突。

中国人自古以来接受的是儒家"仁义礼智信"的熏陶，中国传统文化塑造了中国人崇尚中庸和谐的品格。在经商方面，更多的中国商人以诚信、勤奋作为从商原则，认为不坑不骗、诚信至上才是做生意的长远之计。在做事方面，讲究分寸，保持"中庸"，擅长与别人搞好关系。而俄罗斯人崇尚东正教精神，认为事物都是"非黑即白"的，没有一点"灰色地带"可供调和，东正教义也并没有必须讲究规矩的说法，这就导致俄罗斯人在一些事情上表现得颇为极端，只看到短期利益而不顾长期利益。俄罗斯由于领土面积大，货物运输成本过高而产生了一种"灰色清关"业务，原本政府对此是持默许态度的，因为其在一定程度上促进了俄罗斯经济的发展。但在2009年，"灰色清关"业务突然被政府暴力禁止，许多中国商人因此遭受巨大损失。当中国商人遭受不合法待遇时，俄罗斯法院系统并不会完全按照法律办事，更不会特别照顾中国商人的合法权益，更多的是采取暴力手段解决。即使是在国家政策层面，俄罗斯官员仍然会采用这种极端处理方法，这让中国商人深感担忧，合法权益无法得到保障，从而没有与俄罗斯合作的强烈意愿。

俄罗斯人对中国人一直存在着刻板印象，认为中国人在工作中表现得过于勤劳，功利心强，甚至认为中国人奸诈狡猾，为达目的不择手段。但中国人在改革开放的浪潮下早已融入市场经济的洪流，凭借勤奋和智慧在广阔的国际市场上争得了一席之地，相信天道酬勤，坚持艰苦奋斗。而俄罗斯人长期在含有计划经济体制的环境下生活，缺乏竞争和激励，所以并不太注重工作报酬，没有"多劳多得"的思想观念。又由于俄罗斯自然资源极为丰富，依靠卖出原材料就可以换取大量钱财，所以俄罗斯人并不愿意从事复杂的劳动，这就导致中国企业入驻俄罗斯时难以管理俄罗斯员工，工作效率低下。俄罗斯人不认为外贸是挣钱的好机会，也并不喜欢做生意，认为做外贸生意就是外国人来剥削他们，没有互利互惠观念，对外贸易基本只是卖资源，买轻工业品。

由于文化差异，中俄两国在进行农业贸易合作期间有时难以正确理解对方的战略意图，加之一些渲染"中国威胁论"的人进行错误的舆论引导，加深了俄罗斯人对中国人的误会，导致中俄农业贸易合作面临很大挑战。

---

① 俄销毁22柜中国商品 难离"中国制造"俄官方表露解决"灰色清关"问题诚意，但前景难测，在俄设加工厂成华商避险途[EB/OL].（2009-06-29）. https://finance.sina.com.cn/roll/20090629/00012918987.shtml.

# 5.5　本章小结

本章总结分析中俄农业合作的发展现状和面临的问题，辨识发展机遇，厘清现实挑战，为后续农产品贸易潜力分析、跨境农业产业链构建提供现实依据和方向指引。基于中俄两国良好的政治关系、毗邻的地缘关系以及农业资源禀赋的互补性等现实，中俄高度重视两国在农业方面的合作，农产品贸易稳定发展，产业合作有序推动。中俄农产品贸易规模持续提升、中俄农产品贸易增长率逐步提升、中俄农产品贸易结构不断优化、中俄农产品贸易份额缓慢提升、中俄农业投资不断深化、中俄农业合作机制不断完善、中俄农业合作的基础设施持续改善、中俄农业全产业链建设初见成效，但同时，我们也必须意识到中俄农业合作水平和质量与两国农业发展潜力相比还有较大差距，中俄农产品贸易规模较小、贸易政策限制较多、农业投资面临的风险高、基础设施无法有效对接、农业科技合作水平偏低、农业合作保障机制尚未健全等问题正制约着中俄农业合作的深度发展。中俄全面战略协作伙伴关系的全新升级、俄罗斯远东开发新政的落地实施、大豆合作发展规划签署为中俄农业合作提供了发展空间，但也面临着诸如受美国及其他西方国家制裁、经济利益冲突、经济安全威胁论渲染、文化差异牵制等诸多挑战。厘清中俄农业合作的现状和问题，辨识发展机遇，直面现实挑战，是农产品贸易潜力分析、跨境农业产业链构建直面问题、有的放矢的前提与基础。

# 6

# 中国与俄罗斯农产品贸易影响因素分析

通过对中国与俄罗斯农产品贸易的现状分析可以看出，中俄农产品贸易额不断上升，贸易结构呈现多样化趋势，进口贸易地位不断提升，农产品贸易互补性较强，这些都为中俄农产品贸易发展提供了良好的基础。但与中俄贸易总量相比，中俄农产品贸易占比仍然很低。根据现有文献对农产品贸易潜力的研究，朱源秋和吕一清（2018）认为贸易自由度是影响中俄贸易的重要因素；丁建江和杨逢珉（2016）认为农业资金投入对中国出口俄罗斯农产品起着重要促进作用；洪秋妹[47]（2019）研究中国与中亚5国农产品贸易影响因素得出，农业增加值占比具有积极作用；张孜豪和高越（2019）引入班轮运输指数验证出中国对"一带一路"共建国家间农产品出口效率有明显正向促进作用；李艳华（2019）还验证出自由贸易区能提高中蒙俄经济走廊国家间的贸易效率。佟光霁和刘畅（2020）运用灰色关联模型引入中越农业耕地面积之比得出要素禀赋是影响中越农产品贸易的重要因素；曾贤刚、段存儒、王睿[48]（2021）在研究中国农产品贸易虚拟水资源转移中发现，农业劳动力禀赋、农业水资源禀赋、农业产出效率及农业产出规模等因素是农产品贸易虚拟水流动的重要因素；舒芹和苏洋（2022）通过研究发现中欧班列与农产品外贸依存度对沿线国家农产品贸易有积极影响。本章在总结前人研究的基础上，尝试引入能够代表农产品贸易的其他影响因素，包括具有农产品生产特征的农业用地面积、农业生产指数、农业增加值等指标来考查其对中国与俄罗斯农产品贸易的影响程度，下文将对影响中国与俄罗斯农产品贸易的主要因素进行分析。

# 6.1　经济发展水平

一个国家或地区经济的快速发展，会刺激该国消费和贸易的增长。经济增长，会增加对农产品的需求和消费，从而增加不同国家之间的农产品贸易规模。相反，经济停滞会导致消费和农产品交易萎缩。因此，经济发展水平直接影响着中俄的农产品贸易。

自2000年以来，中国经济繁荣发展。从2000年到2020年，中国人均GDP从959美元增加到1.04万美元，人均GDP增长10倍多。2008年全球经济危机爆发后，中国经济增长放缓，但GDP水平仍然呈现正增长。2020年中国经济进入新发展格局，不断优化经济结构，努力实现全方位协调发展，促进国内国际双循环，改善国际循环贸易结构，从"世界工厂"转变为"世界市场"。尤其是近两年，新冠疫情席卷全球，世界经济出现负增长，但是中国开启经济新发展格局，迅速复工复产，经济出现短暂下降后继续呈现增长态势。近年来，中俄农产品贸易额也呈现逐年上升的趋势，因此中国经济新发展格局也为中俄农产品贸易提供了十分有利的经济条件。

俄罗斯的经济发展水平在中俄农业贸易中的作用也是如此。2000年至2013年，俄罗斯经济快速增长。GDP从2000年的3 066美元增加到2013年的22 917亿美元，增长了7倍多。人均GDP从2000年的1 171美元增加到2013年的15 974美元，增长了8倍。这表明，2000年至2013年俄罗斯经济的快速增长，在很大程度上刺激了俄罗斯的需求和消费，农业产品进口迅速增长的同时也促进了中国对俄罗斯农产品出口。但是，从2014年到2016年，俄罗斯经济发展受到了经济危机的严重影响，国内生产总值和人均GDP大幅下降，经济整体下降到5年前水平，这导致国内消费能力下降。中俄农业合作受全球经济危机影响严重；农业基础设施建设停滞，对俄农业投资减少。但随着俄罗斯经济重组并积极摆脱经济危机，俄罗斯自2017年经济发展取得明显成效，两国贸易量才恢复快速增长的局面。因此，俄罗斯经济发展水平对中俄农产品贸易影响巨大。

## 6.2 劳动力数量

在传统贸易引力模型中，人口规模即人口总数。进口国的人口总数越大，那么进口国对农产品的有效需求就越大，因而，该国进口贸易规模也会越大；出口国的人口总数越大，说明出口国对农产品有效需求越大，可能会由于优先满足国内市场需求而导致出口规模变小。由于农产品的特殊性，农业发展同样需要大量劳动力的支撑，劳动力数量越多，从事农业生产的人就越多，对农产品贸易越有利，反之，劳动力数量越少，从事农业生产的人也越少，不利于农产品贸易。截至2022年，中国的人口总量位于世界第一，同样拥有庞大的劳动力数量，2000年至2019年，劳动力数量从7.35亿增长至7.84亿，中国的劳动力增长速度放缓，但仍然是世界上拥有最多劳动力数量的国家。而2000年至2019年俄罗斯劳动力数量则始终保持在7 300万左右，劳动力数量增长较慢甚至出现负增长的情况，俄罗斯劳动力数量较少，可能会阻碍农业发展，从而影响中俄农产品贸易的发展。

# 6.3　地理距离

Tinbergen 和 Poyhonen 的研究表明中俄两国的贸易额与两国的地理距离呈反比关系。地理距离会影响国际贸易中的运输成本，贸易国之间地理距离越远，两国之间就越缺乏地缘优势，使得贸易运输难度增加，同时提高了两国农产品贸易成本；农产品贸易的投入成本会直接影响两国农产品贸易量，运输成本越低贸易量就越多，反之亦然。农产品具有特殊性，对于运输要求较高，地理距离的长短就显得更为重要。中国与俄罗斯边境线绵长，东西两段边境线长度合计为 4 375 公里。同时中国拥有对俄罗斯开放的 7 个陆路口岸，边境贸易较为频繁，为两个地区的经贸合作提供了良好的基础。正是因为农产品具有难保鲜、易变质等特点，所以对于国际运输时间及距离的要求极高，且两国均为拥有丰富土地面积的大国，对于某些农产品运输仍然需要较高运输成本。

# 6.4　农业增加值

农业增加值，通常为一段时期内农林牧渔及农林牧渔业生产货物或提供活动而增加的价值，反映出农业生产经营活动的最终成果和对社会的贡献，也能较为直观地展示一个国家农产品生产数量及生产能力，农业增加值越高，说明该国农业生产水平越高，农产品生产能力越强。农业增加值能够间接反映一国农业经济的发展水平，农业增加值的提高有助于优化农产品贸易结构与贸易质量，对于农产品贸易的开展有推动作用。中国作为自古以来的农业大国，总是将农业发展放在国家发展的重要位置，随着科技的快速发展，中国的农业现代化进程也加速发展。中国的农业增加值自 2010 年的 5 676.39 亿美元增长至 2019 年的 10 201.15 亿美元，但是中国农产品进出口规模却与农业大国的地位并不相符，农业增加值的不断增长，有利于改善中国对外贸易的结构。

尽管俄罗斯拥有广袤的国土面积，但土地资源利用率不足，适合进行农业生产的耕地面积较小，由于自身发展的缺陷，农业生产效率不高，这在一定程度上影响俄罗斯农产品产量和质量的提高。近年来，俄罗斯实施积极的农业政策大力发展国内农业，不断加大对农业投资力度，努力提高农业生产技术，投资基础设施建设。俄罗斯农业增加值不断提高，这表明俄罗斯农业发展水平不断进步，农业生产效率不断提高，农产品质量和数量大幅增加。从图6-1可以清晰地看出2000年至2019年俄罗斯农业增加值呈现上升趋势。但在此过程中，国际环境变化及经济危机对俄罗斯农业发展造成重创，导致增加值波动下降。不过俄罗斯积极迎接挑战并恢复农业基础设施建设，坚持重视农业发展及提高生产技术，使农业增加值两次经历低谷后再次反弹回升。

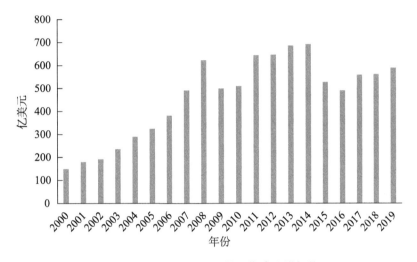

图6-1　2000—2019俄罗斯农业增加值

数据来源：世界发展数据库。

## 6.5　农业生产能力

　　农业生产能力即农业生产指数，表示一定时期内（通常为1年）全部农业生产总量与基准期相比较增减变化的指标。农业生产总量是扣除了作为种子和饲料的产品以外的、供各种用途的、可支配的产品数量。中国的农业生产指数从2000年的65.8增长至2019年104.14；俄罗斯农业生产指数从2000年的69.60增长至2019年的109.95，农业生产指数的不断提高，说明近20年来，国家快速发展农业生产水平，不断提高农业生产能力，加大对农业基础设施投资建设，使得国家在自然资源的基础上，不断提高农业发展质量，使得农产品数量不断提高，也为中国与俄罗斯农产品贸易奠定了物质基础。

# 6.6 贸易自由度

一国的贸易自由度可以多角度反映该国对外开放进程，也能侧面反映该国进出口开放程度、贸易政策、外国投资等市场开放状况。一国贸易自由度通常与进出口贸易规模成正比，贸易自由度越高，贸易壁垒越少，有利于开展国际贸易。

自中国加入WTO以来，贸易自由度连年升高。中国始终实行积极的对外开放政策，逐渐扩大对外开放领域，不断优化营商环境，吸引外商投资，给予政策支持。从2006年到2008年，中国仅用两年时间，就由中等自由经济体转变为较自由经济体，贸易自由度水平从60升至70，但与世界平均贸易自由度相比，中国贸易自由度仍处于世界较低水平，市场开放程度仍有待提高。中国贸易自由度持续提高，为中国从俄罗斯进口农产品提供了良好的贸易环境，中国逐渐降低甚至消除对俄罗斯农产品贸易壁垒，为中俄农产品贸易进一步发展提供了有利条件。

从贸易自由化进程来看，中国的速度要比俄罗斯快得多。2011年12月，俄罗斯才正式加入WTO，开启与世界经济自由化接轨的进程，也逐渐与世界其他国家开展自由贸易，俄罗斯积极响加入应WTO的承诺，调整关税政策，降低与其他国家的贸易壁垒。从图6-2中可以看出，俄罗斯贸易自由度指数也从2000年的52.4升至2019年的77.8，俄罗斯的贸易自由度均值在60左右，属于中等自由经济体，加入WTO后，市场自由化程度提高，成为较自由经济体。与中国一样，俄罗斯贸易自由化程度同样尚未达到世界平均水平，与世界其他发达国家相比市场开放程度较低。此外，由于近几年中国出口俄罗斯农产品不断增加，俄罗斯对中国出口的农产品实行较为严格的绿色贸易壁垒，不利于双方开展农业合作；中国在提高自身农产品生产质量的同时积极寻求与俄方沟通合作，共同构建良好的贸易环境。

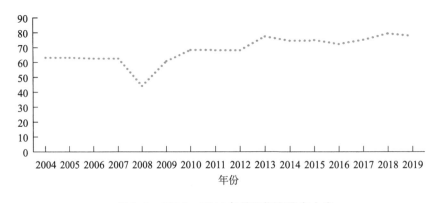

**图6-2　2004—2019年俄罗斯贸易自由度**

数据来源：世界发展数据库。

# 6.7　农业用地面积

农业用地面积，是指一个国家（地区）从事农业生产可以利用的土地面积，包括耕地、园地、林地、牧草地、可养殖水面、宜垦荒地以及其他农业用地等。根据联合国农业组织数据库数据，截至2018年，中国的农业用地面积为528万平方公里，其中耕地约为135万平方公里。我国虽然国土面积大，耕地面积也居世界第三位、亚洲第二位，但是人均耕地面积仅1.4亩，还不到世界人均耕地面积的一半。随着中国经济社会快速发展，出现生态环境恶化的现象，许多农业用地被工厂占用，甚至被破坏；农业用地面积逐渐呈现减少的趋势，近年来，中国将粮食安全作为农业发展的首要原则，为保证国家粮食安全，粮食种植显得尤为重要，土地则是首要的生态资源。

俄罗斯幅员辽阔，领土面积达1 709万平方公里，但由于自然条件的限制，大部分土地资源处于寒带地区冻土较多，耕地主要集中在东欧地区，但俄罗斯实际可开垦土地远高于此。目前，根据可查数据显示，截至2019年，俄罗斯农业用地面积为215万平方公里，而据专家估算，俄罗斯实际可开垦面积达250万平方公里左右。由于国土面积辽阔，俄罗斯农业用地面积类型也较为丰富，处于不同的地形和气候下的土地用途各不相同，南西伯利亚地区土壤肥力较高，拥有利于粮食生产的黑钙土和栗钙土，同样也有利于畜牧业发展；位于外高加索黑海沿岸的亚热带地区，气候温暖湿润，适合种植亚热带经济作物。农业用地面积的持续增加有助于农产品生产规模扩大，也有助于推动俄罗斯农业发展，有利于中国与俄罗斯进行农业合作。

# 6.8　中国与俄罗斯之间的运输能力

中国与俄罗斯两国地理位置相邻，自然条件优越，公路运输和水路运输较为发达，尤其是随着中欧班列的开通，丰富了中国与俄罗斯的贸易运输方式。由于两国都属于国土面积较大的国家，铁路和公路运输方式，难以连接中国内陆与俄罗斯远东地区，对于大宗商品贸易，海运优势则显现出来。另外，两国的水上运输口岸也较多，对于农产品贸易更具有优势，使用水路贸易可以满足大量农产品运输的需求。农产品由于其自身的特殊性，对于运输涉及的储存及冷链运输提出的新要求，集装箱式装运都可满足，方便快捷，节约运输成本。大宗农产品国际运输大多采用海运，目前在"一带一路"建设及"欧亚经济联盟"布局建设中，中俄河海联运网络体系发展迅速，在大宗农产品运输方式中的地位显著提升。目前，中俄两国正积极开展"国际班列＋河海联运"新模式，它能发挥海港优势将内陆与沿海双向贯通、联动发展。班轮运输连通性指数SHP常用来衡量国家与全球海运网络链接的紧密程度，是衡量一个国家贸易便利度大小的重要指标。因此整体来看，考察班轮运输连通性指数有助于了解海运效率对中国与俄罗斯农产品贸易效率的影响程度。

# 6.9　本章小结

本章对中国与俄罗斯农产品贸易的影响因素进行定性分析和阐述，为后续中俄农产品贸易潜力的实证分析提供支持。在总结前人研究的基础上，尝试引入能够代表农产品贸易的其他影响因素，包括具有农产品生产特征的农业用地面积、农业生产指数、农业增加值等指标，分析其对中俄农产品贸易的影响。第一，一个国家或地区经济的快速发展，会刺激该国消费和贸易的增长，从而增加对农产品的需求和消费，在一定程度上会促使该国或该地区农产品贸易规模的增长。相反，经济停滞会导致消费和农产品交易萎缩。因此，经济发展水平直接影响着中俄的农产品贸易。第二，由于农产品的特殊性，农业发展需要大量劳动力的支撑，劳动力数量越多，从事农业生产的人就越多，对农产品贸易越有利，反之，劳动力数量越少，所从事农业生产的人也就越少，不利于农产品贸易。第三，地理距离会影响国际贸易中的运输成本，贸易国之间地理距离越远，运输难度越大，两国农产品贸易成本越高，反之亦然。第四，农业增加值的提高有助于优化农产品贸易结构与贸易质量。第五，农业生产能力通常用农业生产指数来衡量，农业生产能力的提高使得农产品数量和质量提升，为中俄农产品贸易奠定物质基础。第六，贸易自由度可以多角度反映一国对外开放的进程，一般来讲，贸易自由度通常与进出口贸易规模成正比，贸易自由度越高，贸易壁垒越少，越有利于开展国际贸易，这也是影响中俄农产品贸易的重要因素。第七，农业用地面积持续增加将有助于两国农产品生产规模扩大，是中俄农业合作的重要影响因素。第八，中俄之间的运输能力，是衡量中俄农产品贸易便利化程度的重要指标。

# 7

# 中国与俄罗斯农产品贸易潜力实证研究

第6章重点对中国与俄罗斯农产品贸易的影响因素进行了定性分析和阐述，那么这些影响因素对中国与俄罗斯农产品双边贸易是否产生积极影响，影响程度到底有多大，接下来本章将依据影响因素，分析测度中俄农产品贸易潜力。

# 7.1 贸易潜力测量方法选择

## 7.1.1 传统引力模型

Tinberge（1962）和 Linneman（1966）最早将引力模型应用到国际贸易领域，他们假设贸易是无摩擦的，两国贸易规模是两国经济水平以及地理距离的函数。McCallum（1995）使用对数形式的扩展引力模型来进行贸易效率及贸易潜力的实证研究，具体形式如下：

$$\mathrm{Ln}T_{ij} = \partial_0 + \partial_1 \ln G_i + \partial_2 \ln G_j + \partial_3 \ln D_{ij} + \partial_4 x_{ij} + v_{ij} \qquad 式（7-1）$$

其中，$G_j$、$G_i$ 分别代表传统引力模型中出口国和进口国的经济规模，$D_{ij}$ 表示两国之间的贸易距离，$x_{ij}$ 代表其他可能影响贸易规模的因素，$v_{ij}$ 表示独立同分布的随机误差项，且期望值为零。

但传统的引力模型基于无摩擦贸易，在估计贸易潜力时往往忽略多边贸易阻力而使估计结果变得不准确，或者即使存在贸易摩擦，也可将其直接归入随机误差中，这种假设的后果可能直接导致模型估计结果存在偏差，会降低模型的估计效率。

## 7.1.2 随机前沿引力模型

鉴于传统贸易引力模型估计结果会降低模型效率，所以本书选择的模型为随机前沿引力模型。该方法的优点在于将传统的随机扰动项分解成为相互独立的 $V$ 和 $\mu$ 两部分，其函数可以写成如下形式：

$$T_{ijt} = f(X_{ijt}, \beta) \exp(\varepsilon_{ijt}) = f(X_{ijt}, \beta)\exp(v_{ijt} - \mu_{ijt}) \qquad 式（7-2）$$

$$\mu_{ijt} = \left\{ \exp[-\eta(t-T)] \right\} \mu_{ij} \qquad 式（7-3）$$

其中，$T_{ijt}$代表$t$时期$i$国到$j$国农产品贸易额，$X_{ijt}$代表影响因子，$\beta$为待估计参数，$\varepsilon_{ijt}$和$\nu_{ijt}$为随机误差项，用来表示阻碍农产品贸易的因子，且服从标准正态分布$N(0, \delta_v^2)$，$\mu_{ijt}$为非负的贸易非效率项，服从截尾的正态分布，代表全部不可观测的非效率因素，通过估算$\mu_{ijt}$，即能得出贸易效率值。$\exp[-\eta(t-T)] \geq 0$，$\eta$为待估计的参数，当$\eta=0$时，表示两国农产品贸易非效率值不随时间变化；$\eta>0$时，表示两国农产品贸易非效率影响程度随时间变化而逐渐减弱，即两国农产品贸易障碍减少；$\eta<0$时，表示两国农产品贸易非效率影响程度随时间变化逐渐增强，即两国农产品贸易障碍增加，以此对贸易效率的变化趋势有清晰的表述，上式中两国农产品贸易的最大水平$T*_{ijt}$为：

$$T*_{ijt} = f(X_{ijt}, \beta)\exp(\varepsilon_{ijt}) = f(X_{ijt}, \beta)\exp(\nu_{ijt}) \qquad 式（7-4）$$

贸易有效性为实际贸易$T_{ijt}$与可能的最大贸易$T*_{ijt}$之比，相应的贸易效率可以记为：

$$TE_{ijt} = T_{ijt}/T*_{ijt} = \exp(-\mu_{ijt}) \qquad 式（7-5）$$

当$\mu_{ijt}$趋于0时，此时不存在贸易非效率因素，得到两国的实际贸易额就是最大贸易额，相应的$TE_{ijt}=1$；当$\mu_{ijt}>0$时，存在贸易非效率因素，此时两国的实际贸易额受贸易非效率影响小于最大贸易额，贸易是低效率的，相应的$TE_{ijt}<1$。由于对数化处理可以使贸易引力模型线性化，有利于计算两国的农产品贸易潜力，本模型在取对数时能够避免异方差的现象，所以构建对数化贸易引力模型，得到线性方程式：

$$\text{Ln}T_{ijt} = \text{Ln}f(X_{ijt}, \beta) + \nu_{ijt} - \mu_{ijt} \qquad 式（7-6）$$

## 7.2 随机前沿引力模型设定

### 7.2.1 模型设定

在Armstrong[50]研究的基础上，本研究参照传统的引力模型，在传统引力模型的基础上加入影响农产品贸易的人为因素，并把短期不随时间改变的自然因素如两国的经济规模、距离、人口等纳入随机前沿引力模型，把农业增加值、经济自由水平、贸易自由度、农业生产指数、班轮运输指数等人为因素纳入贸易非效率模型，分别以中国农产品进口金额及中国农产品出口金额作为被解释变量，构建如下两组随机前沿引力模型：

$$\text{Ln}imp_{ijt} = \partial_0 + \partial_1 \ln GDP_{it} + \partial_2 \ln GDP_{jt} + \partial_3 \ln lab_{it} + \partial_4 \ln lab_{jt} + \partial_5 \ln dis_{ij} + v_{ijt} - \mu_{ijt} \qquad \text{式（7-7）}$$

$$\text{Ln}exp_{ijt} = \beta_0 + \beta_1 \ln GDP_{it} + \beta_2 \ln GDP_{jt} + \beta_3 \ln lab_{it} + \beta_4 \ln lab_{jt} + \beta_5 \ln dis_{ij} + v_{ijt} - \mu_{ijt} \qquad \text{式（7-8）}$$

被解释变量 $\text{Ln}imp_{ijt}$ 表示 $t$ 时期 $j$ 国对 $i$ 国的农产品进口额；$\text{Ln}exp_{ijt}$ 表示 $t$ 时期 $i$ 国对 $j$ 国的农产品出口额；$GDP_{it}$ 和 $GDP_{jt}$ 分别为 $t$ 时期 $i$ 国和 $j$ 国的经济规模，一般来说，国内生产总值越高越有利于贸易的发展，因此预期其与 $\text{Ln}imp_{ijt}$、$\text{Ln}exp_{ijt}$ 正相关；$lab_{it}$ 和 $lab_{jt}$ 分别为 $t$ 时期两国的劳动力人数，预期与贸易量成正比，因此预期其与 $\text{Ln}imp_{ijt}$、$\text{Ln}exp_{ijt}$ 正相关；$dis_{ij}$ 代表 $i$ 国和 $j$ 国首都间的距离，一般来说距离越远越不利于贸易的开展，因此预期其与 $\text{Ln}imp_{ijt}$、$\text{Ln}exp_{ij}$ 负相关；$v_{ijt}$ 为误差项；$\mu_{ijt}$ 为非效率项。考虑到数据的可得性和相关农产品贸易的影响因素，本书建立如下两组贸易非效率模型：

$$\mu imp_{ijt} = \lambda_0 + \lambda_1 squ_i + \lambda_2 api_i + \lambda_3 aid_i + \lambda_4 sap_i + \lambda_5 rav_i + \lambda_6 tbr_i \qquad \text{式（7-9）}$$

$$\mu exp_{ijt} = \zeta_0 + \zeta_1 squ_j + \zeta_2 api_j + \zeta_3 aid_j + \zeta_4 sap_j + \zeta_5 rav_j + \zeta_6 tbr_j \qquad \text{式（7-10）}$$

被解释变量 $\mu imp_{ijt}$、$\mu exp_{ijt}$ 分别表示进口模型和出口模型的贸易非效率项。其中两个模型中解释变量 $squ$ 为 $i$ 国的农业用地面积，一国农业用地面积越大，越有利于促进贸易的发展，因此预期其与 $\mu imp_{ijt}$ 负相关；$aid$ 表示 $i$ 国是农业增加值，农业增加值越有助于贸易的发展，因此预期其与 $\mu imp_{ijt}$ 负相关，$api$ 为 $i$ 国农业生产指数，一国农业生产指数越高，越有利于贸易协定或协议的达成，因此预期其与 $\mu imp_{ijt}$ 负相关；$sap$ 表示 $i$ 国班轮运输指数，班轮运输指数越高，越有利于农产品运输，有助于农产品出口，因此预期其与 $\mu exp_{ijt}$ 负相关；$rav$ 表示 $i$ 国贸易自由度，贸易自由度越高，对进出口农产品越有利，因此预期其与 $\mu imp_{ijt}$ 负相关；$tbr$ 表示该国是否为"一带一路"共建国家，是则为1，否为0，参与共建"一带一路"合作对农产品进口有积极作用，因此预期其与 $\mu imp_{ijt}$ 负相关。

### 7.2.2　变量说明及数据来源

本研究进口模型选取与中国农产品贸易额前25位的贸易伙伴为研究对象，由于新冠疫情的影响，2019—2021 年样本国相关指标数据缺失较多，故选取2004—2019年的数据进行测算，研究结果不影响数据变化趋势的观察。运用Frontier4.1软件进行回归分析，共400个观测值，具体数据说明与数据来源如表7-1所示。

表7-1 中国与俄罗斯农产品贸易影响因素

| 变量 | 含义 | 理论说明 | 预期符号 | 数据来源 |
|---|---|---|---|---|
| $GDP_{it}$ | t时期i国国内生产总值 | 反映一国或地区的出口供给（进口需求）能力。经济规模越大，潜在的出口能力（进口能力）越大，贸易流量越大 | 正 | UN Comtrade |
| Dis | 地理距离 | 首都距离。通常情况下，贸易国间的距离越大，贸易成本会越大 | 负 | CEPII 数据库 |
| Lab | 贸易国劳动力数量 | 农产品劳动力数量越多，农产品生产水平越高，贸易量越大 | 正 | WDI 数据库 |
| API | 农业生产指数 | 农业生产指数越高，农产品生产水平越高贸易阻力越小 | 负 | UN Comtrade Wind |
| SQU | 农业用地面积 | 出口国农业用地面积越高，则农产品生产能力越高，农产品贸易阻力越小 | 负 | 联合国粮农组织（FAO）数据 |
| AID | 农业增加值 | 出口国农业增加值越高，农产品进口规模越小 | 负 | 世界银行 |
| RAV | 贸易自由度 | 国家间进出口开放程度，开放程度越大，农产品进口规模越大 | 负 | Economic Data and Statistics on World Economy and Economic Freedom |
| SAP | 班轮运输指数 | 可以体现出运输条件的改善以及基础设施建设对农产品出口的作用 | 负 | 世界发展数据库 |
| TBR | 是否为"一带一路"共建国家，是=1，否=0 | 共建"一带一路"倡议对国家间的贸易往来有推动作用 | 负 | "一带一路"统计数据库 |

## 7.3 实证相关检验

为判断使用随机前沿引力模型是否合适，首先对贸易非效率项是否存在进行假设检验，即模型适用性检验；若检验结果表明不存在贸易非效率项，可直接构建最小二乘方程式就可得到结果；若存在贸易非效率项，那么就需要进一步验证非效率因素是否随时间变化而变化，即模型时变性检验。

随机前沿引力模型使用前，需要确定适当的函数形式，以判断使用该函数形式是否正确。一是适用性检验，即检验是否存在贸易非效率；二是检验贸易非效率的时变性，即贸易非效率是否随时间变化而变化。使用随机前沿引力模型前需用最大似然比LR统计量检验模型适用性。先用原假设 $\gamma = \mu = \eta = 0$ 检验是否存在贸易非效率，再用原假设 $\eta = 0$ 检验贸易非效率是否随时间变化而变化，继而采用计量工具

Frontier4.1进行回归分析，结果显示出口模型和进口模型中LR统计量的值都大于临界值，即拒绝原假设，且贸易非效率随时间变化而变化，因此适合采用时变随机前沿引力模型进行估计。模型适用性检验结果如表7-2所示。

表7-2　随机前沿引力模型假设检验

| 原假设 | | 非约束模型极大似然值 | 约束模型极大似然值 | LR统计量 | 1%临界值 | 检验结论 |
|---|---|---|---|---|---|---|
| 进口模型 | 不存在贸易非效率 $\gamma=\eta=\mu=0$ | 7.885 | −374.5855 | 733.834 | 12.810 | 拒绝 |
| | 贸易非效率不变 $\eta=0$ | 9.597 | −374.5855 | 768.365 | 15.357 | 拒绝 |
| 出口模型 | 不存在贸易非效率 $\gamma=\eta=\mu=0$ | −114.8751 | −326.9371 | 424.1243 | 15.357 | 拒绝 |
| | 贸易非效率不变 $\eta=0$ | −78.0103 | −326.9371 | 497.8536 | 15.357 | 拒绝 |

综合上表得出结论：

（1）不存在贸易非效率项的原假设被拒绝，这说明在分析中国与样本国家间进口和出口贸易效率时应当使用随机前沿的贸易引力模型。

（2）贸易非效率项不变的原假设被拒绝，即时间变化对贸易非效率项产生影响，这说明应当采用时变的随机前沿引力模型形式。

# 7.4　实证结果分析

## 7.4.1　时变随机前沿引力模型估计结果

以式（7-7）和式（7-8）为基础，分别将进口模型1995—2019年共计25年及出口模型2004—2019年共计16年相关数据使用Frontier4.1进行回归分析，结果如表7-3所示。

表7-3　时变随机前沿引力模型估计结果

| 自变量 | 进口模型 | | 出口模型 | |
|---|---|---|---|---|
| | 系数 | T统计量 | 系数 | T统计量 |
| 常数项 | 7.22 | 0.07 | 71..763*** | 72.215 |
| $LnGDP_{it}$ | 0.960* | 1.784 | 0.627*** | 4.868 |
| $LnGDP_{jt}$ | 0.397** | 2.412 | 0.350*** | 16.683 |
| $Lnlab_{it}$ | 0.421 | 0.04 | −6.923*** | −75.731 |

| 自变量 | 进口模型 | | 出口模型 | |
|---|---|---|---|---|
| | 系数 | T统计量 | 系数 | T统计量 |
| $Lnlab_{jt}$ | 1.090*** | −8.130 | 0.301*** | 8.837 |
| $Lndis_{ij}$ | −0.722** | 2.40 | −1.237*** | −24.890 |
| $\delta^2$ | 0.170*** | 7.071 | 0.119*** | 10.784 |
| $\gamma$ | 0.999*** | 93.678 | 0.999*** | 9 427.573 |
| $\eta$ | −0.005* | −1.914 | −0.019*** | 8.921 |
| $\mu$ | 0.503 | 1.546 | 2.205*** | 8.148 |
| 对数似然值 | −354.578 | | 327.027 | |
| LR统计量 | 162.483 | | 476.859 | |

数据来源：Frontier回归整理。

注：*代表10%的显著性水平，**代表5%的显著性水平，***代表1%的显著性水平。

1.时变的估计结果表明，表中两个 $\gamma$ 值十分显著且较接近1，说明模型的误差大多可以由贸易非效率来解释，数据显示该解释程度高达90%，这表明进口模型和出口模型都具有阻碍贸易效率的因素，贸易实际值与潜在最优水平之间存在的障碍大部分形成于人为的贸易非效率因素[66]。

2. $\eta$ 值分别为−0.005及−0.019且分别通过了10%与1%的显著性水平检验，这不仅证明了选择时变模型的合理性，而且表明在进出口模型中，贸易非效率因素对贸易障碍影响程度随着时间的变化而逐渐增加，因而农产品进出口效率随着时间的变化而逐渐降低。

3.两个模型中的 $\mu>0$，非效率因素的阻力明显，表明假设中贸易非效项的截尾正态分布合理。

4.进口模型与出口模型中，中国GDP的系数均为正，且显著性表现良好，即中国的GDP水平每增加1%，则中国与贸易国的进口量增加0.960%，中国与贸易国的出口量增加0.627%。说明中国经济发展水平与我国农产品进出口额的发展呈正相关，中国经济规模对农产品贸易量的增长有积极影响，即中国经济规模越大，越有利于农产品贸易量增长。

5.在进口模型与出口模型中，贸易国GDP系数均显著为正，与预测符号相同，反映贸易国GDP水平同样对农产品贸易额的变化呈正相关，即贸易国GDP每增加1%，中国与贸易国的进口额增加0.397%，中国与贸易国的出口额增加0.350%。说明一国经济水平发展对本国农产品贸易具有促进作用，在宏观经济运行良好的国家，经济发展水平的不断提高能够为农业生产提供平稳健康的发展环境，有利于农产品贸易的发展。

6.在进口模型中，中国劳动力数量这一指标在10%的显著性水平下不显著，即中国劳动力数量的多少与中国和贸易国之间的农产品贸易无关。这是因为在进口模型中，中国劳动力的数量主要作用于中国农业的发展，与农产品进口规模无关。在出口模型中，中国劳动力数量呈现显著正相关，说明中国劳动力数量的增加，从事农业生产的人就越多，有助于带动农业的发展，从而推动农产品出口的增加。

7.贸易国劳动力数量这一指标在进口模型与出口模型中对农产品贸易均表现为显著正相关，与预期符号相同，说明贸易国劳动力的增加与贸易规模成正比，即贸易国劳动力数量每增加1%，中国与贸易国农产品进口额增加1.090%，中国与贸易国农产品出口额增加0.301%。由于劳动力数量增加，导致劳动力禀赋提升，会给贸易国带来更多的收入，从而扩大进口，农产品出口增加。

8.两国地理距离在进口模型与出口模型中对农产品贸易均表现为显著的负向影响，与预期相一致。但目前随着科技和经济的发展，交通方式呈现多元化，同时成本降低，因此距离因素对贸易的影响逐渐减弱，但仍是阻碍双边农产品贸易量增长的重要因素。

### 7.4.2 贸易非效率项实证结果

在上述分析的基础上，下文采用"一步法"估计贸易非效率模型，由于进出口模型分别选取不同的贸易非效率项，其结果分别展示如表7-4所示。

表7-4 贸易非效率项进口模型估计

| 自变量 | 系数 | T值 |
|---|---|---|
| 常数项 | 11.470 | 0.07 |
| SQU | −0.123*** | 1.984 |
| AID | −0.1.93*** | −5.000 |
| API | 3.876*** | 4.521 |
| SAP | −0.006*** | 5.393 |
| RAV | 0.016 | 0.585 |
| TBR | −0.287** | −1.822 |
| $\delta^2$ | 0.235*** | 13.891 |
| $\gamma$ | 0.999*** | 372.462 |

续　表

| 自变量 | 系数 | T值 |
|---|---|---|
| 对数似然值 | −354.578 | |
| LR统计量 | 162.483 | |

数据来源：Frontier回归整理。

注：*代表10%的显著性水平，**代表5%的显著性水平，***代表1%的显著性水平。

表7-5　贸易非效率项出口模型估计

| 自变量 | 系数 | T值 |
|---|---|---|
| 常数项 | 0.086 | 0.087 |
| SQU | −0.617** | 2.561 |
| AID | −0.036*** | 3.089 |
| API | −0.013 | 0.990 |
| SAP | −0.018*** | −7.760 |
| RAV | −0.229* | −1.653 |
| TBR | 0.097 | 1.024 |
| $\delta^2$ | 0.328*** | 14.379 |
| $\gamma$ | 0.999*** | 6.371 |
| 对数似然值 | 327.027 | |
| LR统计量 | 476.859 | |

数据来源：Frontier回归整理。

注：*代表10%的显著性水平，**代表5%的显著性水平，***代表1%的显著性水平。

由表7-4可知，进口模型中农业用地面积（SQU）负向显著，说明进口国农业用地面积的大小与贸易非效率呈负相关关系，这意味着贸易国农业用地面积的增加，有助于减少中国与贸易国之间的贸易阻碍，从而提高贸易效率。农业增加值（AID）在进口模型中显著负相关，说明贸易国农业发展水平是制约中国进口该国农产品的重要因素，贸易国要提高农业发展质量，才能减少中国进口该国农产品的贸易阻碍，增加贸易效率。农业生产指数（API）在进口模型中正向显著，即农业生产指数是阻碍中国进口该国农产品的因素，出现这种情况的原因可能是因为农业生产能力提高会使贸易国市场中农产品数量增加，根据供需定理，农产品数量增加导致农产品价格减少，从而刺激贸易国国内市场的需求，进而出口数量减少，抑制本国向中国出口农产品。班轮运输指数（SAP），该变量对进口贸易非效率负向显著，说明贸易国班轮运输发展程度是影响中国进口该国农产品的因素，表示一国与全球海运网络链接的紧密程度每增加1，中国对其农产品进口贸易额增长0.006，班轮运输连通性指数的提升将会推动中国农产品进口贸易的发展。贸易国贸易自由度（RAV）在进口贸易模型中未通过显著性检验，说明该指标对中国进口农产品贸易效率影响不大；出现以上情况的原因可能是贸易自由度指数增加即贸易国贸易壁垒减少，对中国进口农产品没有实质性影响。是否参与共建"一带一路"合作进口模型中与贸易非效率呈现显著负相关，说明中国与"一带一路"共建国家进行农产品贸易时，贸易阻碍减少，有助于中国提高进口农产品规模。

由表7-5可知，出口模型中，农业用地面积（SQU）显著为负，说明中国农业用地面积每增加1，中国对贸易国农产品出口额增加0.617，提高农业用地面积的使用效率能大大增加中国出口农产品规模，改善中国农产品贸易结构。农业增加值（AID），同样与贸易非效率呈现显著负相关，即中国农业增加值的不断增长，能提高中国农产品出口效率，中国农业增加值每增长1，则中国农产品出口额增长0.036，农业经营活动的蓬勃发展可以带动中国农产品出口的增加。班轮运输（SAP）在出口模型中也呈现显著负相关，表示该国与全球海运网络链接的紧密程度每增加1，中国对其农产品进口贸易额增长0.018，班轮运输连通性指数的提升将会推动中国农产品进口贸易的发展。中国贸易自由度（RAV）在出口模型中呈现负向显著，通过了10%的显著性检验，与贸易非效率呈负相关关系，与理论预期一致，表明中国的贸易自由度是农产品贸易发展的制约因素，提高贸易自由度可以扩大农产品出口，减少农产品贸易效率的损失，同时可以抵消部分贸易非效率的阻碍作用。是否为"一带一路"共建国家则没有通过显著性水平检验，即参与共建"一带一路"合作对中国出口农产品贸易效率没有显著影响，出现以上情况原因可能是，在25个与中国农产品贸易规模较大的样本国中，参与共建"一带一路"合作的国家较少且样本时间较短，没有出现显著影响。

综上分析，在中国与俄罗斯农产品贸易影响因素中，少部分影响因素与预期稍有偏差，大部分影响因素与预期一致，表现出良好的显著性水平。在中国对俄罗斯的进口贸易中，农业用地面积、农业增加值、班轮运输指数与参与共建"一带一路"合作均具有正向影响，农业生产指数有负向影响；其中班轮运输指数影响程度最大，其次是农业增加值、农业用地面积等因素。所以俄罗斯不断要提高农业基础设施建设投入，加大对农业发展的投资力度，有助于提高中国从俄罗斯进口农产品的规模，不断深化两国农业领域合作。

在中国对俄罗斯出口贸易中，农业用地面积、农业增加值、班轮运输指数及中国贸易自由度对中国出口俄罗斯农产品贸易具有积极作用，其中班轮运输影响程度最深，其次是农业增加值及农业用地面积等因素，中国要不断利用科技手段提高农产品生产效率及生产质量，重点把握粮食安全原则，发挥劳动力及土地资源的优势，不断改善及优化中国农产品贸易结构。

# 7.5 中国与俄罗斯农产品双边贸易潜力分析

## 7.5.1 中国与俄罗斯农产品贸易潜力分析

基于"一步法"构建贸易效率模型，进而可得出2005—2019年中国从俄罗斯进口及中国向俄罗斯出口农产品贸易效率的估计值，其估计值在0～1，结果见表7-6。贸易效率与贸易潜力成反比，农产品贸易效率值越大，说明实际的农产品贸易额与潜在贸易额差距较小，即贸易潜力较小，反之则贸易潜力较大。由表7-6可以看出，2000—2019年（不含2006—2009年数据）中国对俄罗斯农产品的出口效率总体略有提升，其效率值基本在0.40左右波动；中国从俄罗斯进口农产品的贸易效率总体略有下滑，贸易效率多在0.3～0.4波动。由此可见，无论是中国从俄罗斯进口农产品还是中国向俄罗斯出口农产品，其贸易效率值均偏低，即中俄两国农产品具有较大的发展潜力。中国从俄罗斯进口农产品的贸易潜力波动变化，近几年呈现上升趋势，而中国对俄罗斯农产品出口同样呈现上升趋势，但上升幅度不大。总体来看，中国从俄罗斯进口农产品贸易潜力值总体高于中国出口俄罗斯农产品贸易潜力值，说明俄罗斯以后将是我国重要的农产品来源国。近年来，虽然中俄经贸关系日益密切，但中俄双方农产品贸易中仍然存在较大的贸易壁垒问题，中俄两国要积极寻求合作，加大农业沟通交流，利用中蒙俄经济走廊建设的不断推进为今后开展区域经济合作，大力发展农产品贸易提供基础。

表7-6 中国与俄罗斯农产品贸易潜力

| 年份 | 中国从俄罗斯进口 | | | | 中国对俄罗斯出口 | | | |
|---|---|---|---|---|---|---|---|---|
| | 贸易效率 | 实际值/亿美元 | 潜在值/亿美元 | 扩展空间/% | 贸易效率 | 实际值/亿美元 | 潜力值/亿美元 | 扩展空间/% |
| 2005 | 0.69 | 11.46 | 16.61 | 44.93 | 0.36 | 7.44 | 20.67 | 177.82 |
| 2010 | 0.44 | 13.79 | 31.14 | 125.80 | 0.53 | 15.82 | 29.85 | 88.68 |
| 2011 | 0.44 | 16.83 | 38.26 | 127.27 | 0.38 | 20.00 | 52.63 | 163.15 |
| 2012 | 0.38 | 15.52 | 41.04 | 164.50 | 0.39 | 20.63 | 52.90 | 156.42 |
| 2013 | 0.36 | 15.65 | 43.10 | 175.37 | 0.39 | 22.19 | 56.90 | 156.42 |

| 年份 | 中国从俄罗斯进口 | | | | 中国对俄罗斯出口 | | | |
|------|------|------|------|------|------|------|------|------|
| | 贸易效率 | 实际值/亿美元 | 潜在值/亿美元 | 扩展空间/% | 贸易效率 | 实际值/亿美元 | 潜力值/亿美元 | 扩展空间/% |
| 2014 | 0.36 | 15.46 | 43.01 | 178.19 | 0.40 | 24.04 | 60.10 | 150.00 |
| 2015 | 0.39 | 16.99 | 43.07 | 153.45 | 0.39 | 18.31 | 46.95 | 156.42 |
| 2016 | 0.41 | 19.84 | 47.92 | 141.53 | 0.38 | 20.02 | 52.68 | 163.13 |
| 2017 | 0.39 | 21.24 | 54.88 | 158.42 | 0.40 | 20.4 | 51.00 | 150.00 |
| 2018 | 0.43 | 31.98 | 73.77 | 130.65 | 0.39 | 21.26 | 54.51 | 156.40 |
| 2019 | 0.44 | 35.83 | 81.44 | 127.27 | 0.38 | 20.44 | 53.79 | 163.16 |

数据来源：模型回归计算整理。

注：扩展空间=（潜在值/实际值−1）*100%。

由表7-6可以明显看出，中国与俄罗斯农产品贸易进出口实际贸易额与潜在贸易额均有较大差额，说明中国与俄罗斯农产品贸易潜力较大。从贸易扩展空间来看，至2019年，中国与俄罗斯农产品贸易进口扩展空间和出口扩展空间值分别达到127.27%和163.16%，这更印证了中俄农产品贸易并没有达到真正最高效率，还有上升空间。值得注意的是，表7-6数据并没有体现出共建"一带一路"倡议对农产品贸易效率提升的作用；从2015年共建"一带一路"倡议提出以来，贸易效率在正常范围波动，2015年后中国与俄罗斯农产品贸易效率并无明显增长。说明"一带一路"建设为中国与俄罗斯农产品贸易创造的有利贸易条件并没有得到充分应用，中国必须把握"一带一路"建设机遇，克服不利因素，提升中国与俄罗斯农产品贸易效率，挖掘两国间的贸易潜力。

### 7.5.2　中国与俄罗斯分类农产品贸易潜力分析

为了更加清晰地展示中国与俄罗斯两国农业合作潜力，在分析中国与俄罗斯农产品整体贸易潜力的基础上，深入研究不同种类农产品的贸易效率。结合第2章中俄农产品贸易现状中关于农产品种类的分析可知，中国向俄罗斯进口的主要农产品有水产品、谷物产品及油料产品；中国对俄罗斯出口的主要农产品有水产品、蔬菜和水果。因此，本部分主要关注出口和进口量较大的几种关键农产品，并对其进行潜力分析。将其贸易额代入随机前沿引力模型，结果分别如表7-7、表7-8所示。

表7-7 中国从俄罗斯进口分类农产品贸易潜力

| 年份 | 水产品 | | | 谷物 | | | 油料 | | |
|------|--------|--------|--------|--------|--------|--------|--------|--------|--------|
| | 贸易效率 | 实际值 | 潜力值 | 贸易效率 | 实际值 | 潜力值 | 贸易效率 | 实际值 | 潜力值 |
| 2010 | 0.59 | 12.62 | 21.38 | 0.78 | 0.01 | 0.01 | 0.43 | 0.01 | 0.02 |
| 2011 | 0.64 | 14.11 | 22.04 | 0.41 | 0.01 | 0.02 | 0.56 | 0.03 | 0.05 |
| 2012 | 0.61 | 13.43 | 22.02 | 0.40 | 0.02 | 0.05 | 0.45 | 0.38 | 0.84 |
| 2013 | 0.63 | 13.59 | 21.57 | 0.18 | 0.05 | 0.28 | 0.19 | 0.35 | 1.84 |
| 2014 | 0.63 | 12.66 | 20.10 | 0.16 | 0.13 | 0.81 | 0.18 | 0.41 | 2.27 |
| 2015 | 0.65 | 11.73 | 18.05 | 0.16 | 0.28 | 1.75 | 0.40 | 2.27 | 5.68 |
| 2016 | 0.67 | 13.62 | 20.33 | 0.38 | 0.22 | 0.58 | 0.39 | 3.62 | 9.28 |
| 2017 | 0.68 | 14.46 | 21.26 | 0.38 | 0.23 | 0.60 | 0.79 | 4.41 | 5.58 |
| 2018 | 0.68 | 21.45 | 31.54 | 0.85 | 0.57 | 0.67 | 0.89 | 7.64 | 8.58 |
| 2019 | 0.68 | 21.87 | 32.16 | 0.53 | 0.71 | 1.33 | 0.58 | 9.06 | 15.62 |

数据来源：模型回归计算整理。

表7-8 中国对俄罗斯出口分类农产品贸易潜力

| 年份 | 水产品 | | | 蔬菜 | | | 水果 | | |
|------|--------|--------|--------|--------|--------|--------|--------|--------|--------|
| | 贸易效率 | 实际值 | 潜力值 | 贸易效率 | 实际值 | 潜力值 | 贸易效率 | 实际值 | 潜力值 |
| 2010 | 0.24 | 3.75 | 15.63 | 0.58 | 5.54 | 9.55 | 0.60 | 2.51 | 4.18 |
| 2011 | 0.25 | 4.72 | 18.88 | 0.60 | 7.31 | 12.18 | 0.61 | 2.54 | 4.16 |
| 2012 | 0.24 | 5.70 | 23.75 | 0.63 | 6.30 | 10.00 | 0.61 | 2.89 | 4.74 |
| 2013 | 0.24 | 6.41 | 26.70 | 0.63 | 6.44 | 10.22 | 0.63 | 3.15 | 5.00 |
| 2014 | 0.25 | 6.47 | 25.88 | 0.69 | 7.73 | 11.20 | 0.66 | 3.24 | 4.76 |
| 2015 | 0.22 | 3.61 | 16.41 | 0.73 | 6.63 | 9.08 | 0.76 | 3.43 | 4.51 |
| 2016 | 0.26 | 4.21 | 16.19 | 0.85 | 7.05 | 8.29 | 0.89 | 4.02 | 4.52 |
| 2017 | 0.24 | 4.35 | 18.13 | 0.81 | 7.14 | 8.81 | 0.86 | 3.77 | 4.38 |
| 2018 | 0.25 | 4.77 | 19.08 | 0.82 | 6.67 | 8.13 | 0.92 | 4.28 | 4.65 |
| 2019 | 0.25 | 4.09 | 16.36 | 0.91 | 7.08 | 7.78 | 0.88 | 3.24 | 15.62 |

数据来源：模型回归计算整理。

总体来看，不论是进口还是出口，各类农产品均展现出较大的贸易潜力，说明中俄两国农产品贸易合作空间较大。从进口的角度看，水产品的贸易效率呈上升趋势，但是贸易效率值均小于0.8，仍然属于"潜力巨大型"产品，中国从俄罗斯进口该产品潜力巨大，双方应不断深化水产品的农业合作，继续挖掘贸易潜力，争取双方合作共赢的最大效益。谷物产品的贸易效率随着年份变动表现出不稳定的状态，有些年份贸易效率较高，有些年份效率较低，这与谷物产品的特殊性有关，其产量容易受天气等自然因素影响，中国可以加大对俄罗斯农业基础设施的投资，帮助提高俄罗斯农产品贸易效率，从而挖掘双方的合作潜力。油料产品的贸易同样呈现上升趋势，贸易效率值小于0.8，随着油料产品的进口额不断提高，进口的贸易效率不断提升。俄罗斯要利用其要素禀赋优势提高生产质量，不断挖掘中国市场，创造更多需求。

从出口的角度看，中国水产品的出口效率值均在0.25左右，属于"潜力巨大型"，与中国进口水产品的贸易效率相同，说明中俄两国在水产品产业内贸易潜力巨大，这与白雪冰（2021）研究结论一致，因此要不断深化水产品领域的农业合作，挖掘双方的贸易潜力，继续提高双方水产品贸易额。蔬菜与水果产品的贸易效率呈现不断上升的趋势，贸易效率最高值达到0.92，属于"潜力开拓型"产品，说明中国向俄罗斯出口该类型产品时，对这类农产品贸易政策需要重新部署，仍然具有较大的潜力挖掘空间。

通过分析中国与俄罗斯分类农产品贸易潜力可以得出，首先，中国与俄罗斯可以重点挖掘水产品领域的贸易潜能；通过上文分析结果可以看出水产品在中俄农产品贸易中有较高的地位，无论是出口还是进口水产品的贸易量均排在首位，且贸易潜力巨大，在资源禀赋约束的情况下，中国水产品的巨大需求往往通过进口来缓解，而俄罗斯出口至中国的水产品多以冷冻产品为主，中国出口俄罗斯的则多为亚热带水生产品，双方水产品贸易互补性较强，拥有较大的贸易潜力。其次，中国扩大谷物、油料产品的进口可以缓解供应短缺的风险；中国近几年进口俄罗斯油料作物的比重不断增加，尤其是中美贸易摩擦后，中国对大豆等油料作物进口受世界主要粮食供应商管控严格，存在较大的粮食短缺风险；中国扩大油料产品进口对于保障粮食安全具有战略意义。

## 7.6　本章小结

本章采用随机前沿引力模型实证探究中俄农产品贸易潜力，为充分发挥中国与俄罗斯农产品贸易规模效应提供参考依据。研究结果显示：在中国从俄罗斯的进口贸易中，农业用地面积、农业增加值、班轮运输指数与参与共建"一带一路"合作对中国进口俄罗斯农产品贸易均具有正向影响；在中国对俄罗斯的出口贸易中，农业用地面积、农业增加值、班轮运输指数及中国贸易自由度对中国出口俄罗斯农产品贸易具有积极作用，其中班轮运输影响程度最深，其次是农业增加值及农业用地面积等因素。对贸易潜力的分析显示，中俄农产品贸易进口和出口的实际贸易额与潜在贸易额均存在较大缺口，中俄农产品贸易拓展空间较大。从分类农产品来看，水产品在中俄农产品进口和出口贸易中均属于"潜力巨大型"产品；谷物和油料产品在进口贸易中潜力巨大；蔬菜与水果产品在出口贸易中属于"潜力开拓型"产品。总体来看，中俄两国农产品贸易合作拓展空间较大，应加强合作，全方位促进双边农产品贸易发展再上新台阶，造福两国人民。

# 8

# 中俄农业跨国产业链构建方略

# 8.1 中俄农业跨国产业链构建的必要性分析

"民以食为天、国以粮为安",党的十八大以来,虽然国家通过在农业领域实施一系列政策有力地提高了我国粮食产量,2023年我国人均粮食占有量超过490千克,高于400千克的国际粮食安全线,有力保障了我国的粮食安全,但农产品结构性短缺仍然是我国的一个短板,农产品贸易逆差是我国面临长期的问题,尤其是一些重要农产品进口来源过度集中,使我国农产品贸易面临着巨大的风险。为降低风险,需要加强跨国农业产业合作,搭建跨国农业产业链。基于中俄两国农业资源及产业结构互补性的特征,中俄通过跨国农业链构建,共同保障两国的粮食安全,有其必要性。

## 8.1.1 通过构建跨国农业产业链,能充分发挥两国的比较优势

中俄两国在地缘、自然条件、劳动力资源、农业技术及设备等方面具有的互补性和差异性特点,为中俄两国农业合作奠定了基础和条件。

两国边境毗邻、口岸对接,便于打造国际粮食运输走廊。受新冠疫情、乌克兰危机等因素影响,国际粮食运输通道受阻,而中俄具备构建安全可靠便捷的国际粮食运输走廊条件。中俄两国共有4 300多公里的边境线,分布着若干个对接口岸,为中俄两国间农产品运输奠定了基础。俄远东地区是俄罗斯未来的粮仓,而俄远东地区的布里亚特共和国、外贝尔边疆区与内蒙古自治区边境毗邻,俄远东地区的阿穆尔州、犹太自治州、滨海边疆区与黑龙江省边境毗邻。随着2014年俄罗斯"一区一港"政策实施以及农业发展基金的成立,俄罗斯远东迎来了发展的机遇,借助于俄罗斯远东优惠投资政策,大批中国企业赴俄罗斯远东地区开展农业种植和养殖业,其农产品返销中国是重要的销售渠道,因此,打造新的粮食运输走廊已成为必然。2022年9月6日,在第七届东方经济论坛上,俄罗斯总统普京下令将启用后贝加尔斯克—满洲里铁路粮食运输走廊,这是世界上第一条专门为粮食运输而建立的陆路运输通道,为中俄两国粮食贸易稳定发展奠定了基础。目前,这一新陆路运输走廊已经投入使用,2023年5月31日至6月2日,271吨俄罗斯大豆已从俄罗斯贝加尔斯克港运达中国满洲里,成为"新陆路粮食走廊"开通后第一批跨境运输的农产品。

两国农业生产条件不同，形成了互补的农业合作基础。中俄两国气候条件不同，俄罗斯高纬度气候寒冷，而中国基本处于温带地区，由此也决定了两国农作物品种的不同；中国人多地少、俄罗斯人少地多；俄罗斯大宗农作物具有优势，比如小麦、玉米、葵花籽等，而中国蔬菜、水果更具有优势；作为世界最大的制造业大国，中国农机设备具有优势，而俄罗斯因转轨后经济发展不稳，再加上专注于军事工业，忽略了民用机械的发展；俄罗斯是传统化肥生产大国，特别是钾肥是世界主要的出口国，而中国是钾肥主要进口大国；中国是世界最大的粮食进口国，小麦、玉米、大豆持续逆差，特别是大豆已经成为中国粮食安全最大的制约，而俄罗斯是大宗商品的主要出口国，特别是小麦、玉米、大豆、菜籽油及葵花籽油等，出口优势突出。另外，俄罗斯远东亟须开发，但远东气候寒冷、基础设施较落后，虽然俄罗斯为开发远东采取了一系列政策，如2014年"一区一港"政策、赠送一公顷土地政策等，使远东地区人口达到812万，但在近700万平方公里的土地面前，依然是人少地多，而中国丰富的劳动力、娴熟的农业种植技术以及中国人吃苦耐劳的品格，不仅为中俄两国在远东地区农业合作提供了人力资源，也成为中俄两国在远东地区深度农业合作的"动力"。

### 8.1.2 通过构建跨境农业产业链，能缓解两国农业发展的制约

虽然中俄两国具有完全不同的农业资源，包括土地、人口、技术、市场，具有很强的差异性和互补性，但两国在农产品贸易方面并没有成为彼此间重要的农业合作伙伴，双方均存在制约农业发展的风险。因此，只有通过构建中俄跨境农业产业链，才可以突破制约，相互取长补短，形成合力。

#### 8.1.2.1 中国农业发展面临的风险和制约

受我国农业资源禀赋的影响，中国农业发展面临三大风险和制约。

第一，中国农产品贸易长期处于逆差。中国主要农产品贸易基本上均是逆差，这表明我国对国际农产品市场的依赖程度非常高。在当前国际局势动荡的背景下，农业作为国家的重点产业，农产品作为关系国计民生的重点产品，对国外市场的依赖程度大无疑加大了国家的风险。

以2022年为例，全年我国农产品进出口总额3 372.38亿美元，其中出口993.18亿美元，进口2 379.20亿美元，逆差1 386.03亿美元。出口的前三大类产品分别是：水产品占比22.35%，蔬菜占比17.34%，水果占比6.96%，基本都是劳动密集型的

产品。进口前三大类产品分别是：食用油籽占比27.67%，畜产品21.67%，水产品9.82%，基本属于土地密集型的。

从主要农产贸易发展的情况看，我国主要农产品贸易包括谷物（稻米、玉米、小麦）、畜产品（生猪）、水产品、棉花、食糖、食用油籽（大豆）、蔬菜、水果等，2022年蔬菜是我国主要农产品中唯一有顺差的农产品，中国全年出口蔬菜172.18亿美元，进口9.63亿美元，顺差为162.55亿美元，其他主要农产品均为逆差。其中，逆差最大的产品为食用油籽，2022年全年出口仅为17.27亿美元，进口高达658.35亿美元，逆差为641.08亿美元，如图8-1所示。

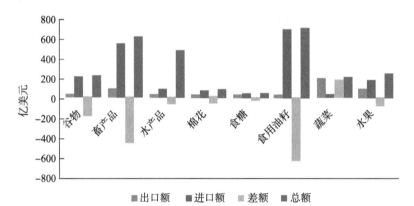

**图8-1 中国主要农产品贸易情况**

资料来源：中华人民共和国农业农村部。

而在食用油籽中，占比最大的是大豆。2022年，中国大豆出口1.42亿美元，进口612.36亿美元，逆差为610.08亿美元，其逆差额占食用油籽逆差的95.2%。

谷物产品中主要包括稻米、玉米、小麦等，2022年谷物类产品无一例外均呈现逆差，如表8-1所示。

**表8-1 2022中国谷物产品贸易情况**

单位：亿美元

|  | 稻米 | 玉米 | 小麦 |
| --- | --- | --- | --- |
| 出口额 | 10.34 | 0.04 | 0.70 |
| 进口额 | 26.63 | 71.05 | 38.37 |
| 差额 | −16.29 | −71.01 | −37.66 |
| 总额 | 36.97 | 71.10 | 39.07 |

资料来源：中华人民共和国农业农村部。

第二，主要农产品进口来源国别集中。如表8-2所示，从主要农产品进口来源国来看，其中很大一部来源于风险比较大的国家，使中国农产品进口存在不稳定风险，而俄罗斯作为世界级粮食出口国，并不在中国主要农产品进口国行列。比如，大豆是我国进口最多的农产品，2022年全年进口大豆为9 108.9万吨，其中巴西、美国及阿根廷为前三大进口来源国，三国占比96.1%，特别是来自巴西的大豆占中国大豆整体进口的近60%，来自美国的大豆进口占比也超过30%。大豆进口过度集中，引发粮食安全问题。而中国自俄罗斯进口的大豆仅为64.54万吨，虽全部为非转基因大豆，但仅占我国大豆进口的0.71%。

表8-2  2022年我国大豆进口来源国别分布

| 进口国 | 进口量/万吨 | 占比/% |
|---|---|---|
| 巴西 | 5 439.8 | 59.7 |
| 美国 | 2 953.3 | 32.4 |
| 阿根廷 | 365.4 | 4.0 |
| 乌拉圭 | 178.6 | 2.0 |
| 其他 | 171.8 | 1.9 |
| 总计 | 9 108.9 | 100 |

资料来源：中国国家统计局及俄罗斯国家统计局。

玉米也是我国进口量比较大、持续逆差的粮食种类，其进口来源地集中程度超过了大豆。如表8-3所示，2022年中国全年进口玉米为2 061.8万吨，受乌克兰危机影响，进口第一大来源国已经由过去的乌克兰变为美国，2022年自美国进口的玉米为1 486.2万吨，占比72.1%；第二位的是乌克兰为526.4万吨，占比25.5%；自两国进口的玉米合计2 012.6万吨，占玉米进口总量的97.6%。当前，乌克兰危机持续发酵，不仅影响到乌克兰的种植业，也影响到乌克兰的粮食外运，这在一定程度上对中国粮食安全造成了威胁。

表8-3  中国玉米进口国的来源分布

| 进口国 | 进口量/万吨 | 占比/% |
|---|---|---|
| 美国 | 1 486.2 | 72.1 |
| 乌克兰 | 526.4 | 25.5 |
| 其他 | 49.2 | 2.4 |
| 总计 | 2 061.8 | 100 |

资料来源：中国国家统计局及俄罗斯国家统计局。

俄罗斯是目前小麦出口最多的国家，但如表8-4所示，中国小麦进口近2/3来自澳大利亚，2022年，我国全年进口小麦995.9万吨。其中，从澳大利亚、加拿大和法国进口921万吨，占小麦进口总量的92%。自俄罗斯进口小麦仅有2.4万吨，占我国进口总额的0.2%。值得一提的是，2022年2月我国海关总署发布了2022年第21号公告，"允许俄罗斯全境小麦进口"，相信未来，在两国政策不断相向的背景下，中国自俄进口小麦等相关产品会逐步扩大。

表8-4　2022年我国进口小麦国别排名

| 进口国 | 进口量/万吨 | 占比/% |
|---|---|---|
| 澳大利亚 | 571.9 | 57.4 |
| 加拿大 | 179 | 18 |
| 法国 | 169.8 | 17 |
| 美国 | 62.56 | 6.3 |
| 其他 | 12.64 | 1.3 |
| 总计 | 995.9 | 100 |

资料来源：中国国家统计局及俄罗斯国家统计局。

如表8-5所示，2022年，我国进口大麦576万吨。其中，我国从阿根廷、加拿大和法国进口530万吨，占大麦进口总量的92%。

表8-5　2022年我国大麦进口国别排名

| 进口国 | 进口量/万吨 | 占比/% |
|---|---|---|
| 阿根廷 | 238.9 | 40.2 |
| 加拿大 | 193.1 | 32.5 |
| 法国 | 98.36 | 16.5 |
| 乌克兰 | 24.65 | 4.1 |
| 哈萨克斯坦 | 18.7 | 3.1 |
| 其他 | 21.19 | 3.6 |
| 总计 | 594.9 | 100 |

资料来源：中国国家统计局及俄罗斯国家统计局。

从几大主要粮食进口来源国来看，一是受乌克兰危机的影响，国际运输走廊不畅，会影响中国从乌克兰进口玉米及葵花籽油；二是目前不友好国家是我国粮食进口的主要国家。比如，美国自2018年对中国发起贸易战，影响中国对美国大豆的稳定进口；澳大利亚和加拿大分别是我国小麦的第一和第二大进口国，但两国亦步亦趋追随美国，为了迎合美国不惜与中国"翻脸"，无形中加剧了中国粮食进口的风险。

第三，中国农业过度使用化肥。1978年以来，中国粮食的稳定发展，一方面来自科技投入，如优良品种的研发及机械化生产的发展；另一方面来自对农药化肥等的使用。以1978—2020年的三组数据对比发现，农作物总播面积从150 104千公顷扩大到了167 487千公顷，扩大了11.6%；粮食作物播种面积从120 587千公顷缩减到116 768千公顷，缩减了3.3%；但农用化肥的使用量由884万吨扩大到5 250.7万吨，扩大了4.9倍。这说明中国粮食大丰收有一个很重要的原因就是农药化肥的使用，但过度使用化肥和农药，一是会造成环境污染，二是会形成土壤板结。由于我国人多地少，导致无法实施轮耕，耕地恢复慢，难以保证粮食的稳定，给我国的粮食安全带来了"隐患"。

第四，种子和耕地仍是焦点和核心问题。2021年中央一号文件提出当前中国的粮食问题是"种子和耕地"问题。人多地少是中国农业发展的现实。以中俄两国农业资源比较来看，我国人均耕地面积0.049 4公顷，俄罗斯人均耕地面积0.842公顷，俄罗斯人均耕地面积是中国的17倍；中国人口是俄罗斯的近10倍。中国种子的自给率在90%以上，俄罗斯约50%，但两国均缺乏高质量的种子。而中俄两国通过联合研发，共同攻关，能够降低种子对国外市场的依赖。

### 8.1.2.2 俄罗斯农业发展的制约

俄罗斯作为世界国土面积第一的国家，人少地多是俄罗斯农业发展的基本现实，但异常气候形成了俄罗斯农业发展的自然制约。由于经历了20世纪的体制转轨，经济遭到严重破坏，再加上两次国际金融危机均对俄罗斯经济发展形成了不利影响，严重制约了俄罗斯对农业的投入，造成俄罗斯的粮食生产异常不稳定。但2014年以来，俄罗斯因乌克兰危机遭受美欧国家的经济制裁，俄罗斯实施的进口替代政策，不仅使俄罗斯粮食稳定在1亿吨以上，且进口的食品也呈现出逐年下降，对俄罗斯的粮食安全形成了很好的保障。综合考虑俄罗斯的自然条件与社会条件，俄罗斯粮食安全问题主要集中在以下几点：

极易受到气候条件制约。俄罗斯有待开放的农业资源主要集中在远东地区，但远东地区气候寒冷，对农业发展形成了严重的制约，更多需要依靠技术支撑，但过去俄罗斯注重重工业发展、能源资源的开发，却忽略了农业领域技术的研究和使用。因此，在农业技术方面，特别是温室栽培、科技投入及数字化技术使用等方面存在严重滞后，制约着俄罗斯农业产能的释放。

俄罗斯农产品加工能力低。俄罗斯欠缺劳动力，缺乏食品加工能力，导致俄罗斯多年来坐拥世界最大的国土面积，却是世界级食品进口大国。比如2008—2013年俄罗斯每年食品进口均在300亿～400亿美元。2014年俄罗斯实施农产品进口替代政策后，食品的进口有所下降，但仍然保持在250亿美元左右，如2020年俄罗斯食品进口金额仍达到了288亿美元。

俄罗斯缺乏稳定的出口市场。中国是当前粮食进口最多的国家，但俄罗斯最大的出口市场并不是中国，以2021年为例，俄罗斯农产品出口额为360.36亿美元，其最大的出口市场是欧盟，第二位是土耳其，第三位才是中国。从其出口市场来看，存在很大的不稳定性。俄乌冲突爆发后，欧盟一直追随美国，在能源领域去俄罗斯化等，土耳其处于黑海咽喉，与俄罗斯历史恩怨比较复杂，所以最稳定的当属中国。

从中俄两国农业发展面临的制约可以看出，中国的劣势恰是俄罗斯的优势，通过两国农业产业链合作，包括上游的种子研发、中游农业种植、下游的农产品加工、贸易及运输，可以以最小的成本解决两国面临的农业安全问题。

基于以上分析，在当前大局势动荡、小局势不安的背景下，为缓解中俄两国农业安全威胁，中俄跨境农业产业链构建成为必然。通过农业产业链的构建，不仅能整合两国农业资源，突破中俄两国农业发展的制约，而且在应对国际粮食安全威胁，共同抵制西方国家形成的"围堵"方面，将发挥重要的作用。

# 8.2 中俄农业产业链构建的指导思想及基本原则

思想是一切行动的指南，原则是行动的方向及纲领，在中俄农业跨境产业链构建过程中一定要树立正确的指导思想，坚持正确的方向。

## 8.2.1 指导思想

2023年3月20至22日中俄两国元首会晤时发布了《中华人民共和国主席和俄罗斯联邦总统关于2030年前中俄经济合作重点方向发展规划的联合声明》，该声明不仅将农业作为中俄两国经济合作的重点领域，而且将农业合作作为维护两国粮食安全的重要抓手。为此，中俄充分发挥两国农业领域的资源禀赋差异性及产业结构互补性的优势，构建中俄两国农业跨境产业链，以此来优化产业链分工布局，推动上下游产业链和关联产业的协同发展；要充分体现"国家倡导、政府指导、市场引导、企业主导"的发展理念；要实现"协调发展、互补发展、共同发展"的产业发展目标，以此来夯实两国农业合作基础，共同保障两国的粮食安全。

### 8.2.2 基本原则

中俄两国农业产业链构建虽有宏观背景、客观基础及现实条件，但中俄两国相互毗邻的地缘特点、错综复杂历史渊源及近20年来中俄两国关系的现状，均会对中俄两国农业产业构建产生不利的影响。为此，中俄两国产业链构建要坚持"共商、共建、共享、共赢"的基本原则，降低俄罗斯对中国的敌意及猜忌，使中俄两国形成利益共同体，构建命运共同体。

（1）坚持"共商"原则。"共商"即产业的对接应共同磋商，而非强制推进。产业是一个国家经济发展的命脉，而农产品又是关系国计民生的重要产品。在过去，中俄两国有各自的农业发展模式。俄罗斯经济发展的重点放在能源行业，导致其虽坐拥世界最多的耕地面积，但却成为世界级的农产品及食品进口大国，其农产品进口来源集中在欧盟。而中国作为世界农业大国、世界农产品进口大国，其贸易对象集中在美国、加拿大、澳大利亚、巴西等。中俄虽在农业领域的具有很强的互补性，但相互不是重要的农业合作伙伴。然而当前，国际局势动荡、自然灾害频发，中俄两国农业的深度合作是破解两国粮食安全风险的重要抓手。为此，中俄两国应在共商原则下，合理评估两国的农业资源，选择恰当的合作方式，消除两国的心理"隔阂"，实现农业的深度合作。

（2）坚持"共建"原则。"共建"即充分发挥两国的比较优势，合力共建跨国农业产业链。但从目前两国农业产业对接过程来看，俄罗斯在农业合作方面普遍存在行动迟缓的问题，比如在通道对接、口岸对接等建设方面不同速、在产业对接过程中受政治因素干扰过多，态度迟疑，对我国输俄劳动力过于敏感等。两国农业壁垒制约了产业对接的进程，如俄罗斯对种质资源的引入有非常严格的规定，对农药及化肥的使用有严格的标准，中国对粮食的进口有非常严格的规定等。基于此，中俄两国在农业产业链的构建上需要共同发力，采取"共建"原则，从农业资源的开发，农业种植、管理、灌溉、收割、加工，农产品仓储、物流、贸易、营销等方面，都要实现两国全过程参与、全领域合作、全产业链共建。

（3）坚持"共享"原则。"共享"即共同享受产业对接带来的红利。产业对接是充分发挥两国要素禀赋差异及产业结构互补等特征，构建起融合两国农业产业优势于一体的产业链，共享产业转型升级与产业融合发展好处等。无论是政治、经济还是跨国合作的任何方面，均应坚持"共享"原则。比如中国共建"一带一路"倡议为什么能得到国际社会的认可，是因为"一带一路"共建国家，均获得了相关的政策红利，均加深了相互的了解，为其国家的经贸发展及跨国合作带来的利益。而当前，中俄两国的农业产业链构建，绝不是单独某一方获利，而是共同维护两国的粮食安全，缓解两国在农业领域的压力。

（4）坚持共赢原则。"共赢"即共同获得发展。当前背景下，西方国家已经开启了共同打压中俄的模式。能源及农业是西方国家操弄的重要方面。比如，美国为了阻止俄罗斯能源占领欧盟市场，不惜破坏"北溪管道"，阻碍已经建成的管道的正常运营。乌克兰危机的爆发，不仅使乌克兰失去了"欧洲粮仓"的身份，也摧毁了俄罗斯粮食西出运输通道。而对中国粮食安全的威胁是借中国入世的机会，使其农业领域的跨国公司深入我国的农业产业层面，大豆产业就是最好的例证。1993年以前，中国是大豆净出口国，而1994年以来，中国成为大豆净进口国，2022年中国大豆进口9 108.9万吨。中国在主要农产品进口方面进口来源国过度集中，其带来的风险不言而喻，特别是四大主要粮食进口，风险加剧。以2022年为例，我国57.4%的小麦进口来自澳大利亚、41.5%的大麦进口来自阿根廷、72.1%的玉米进口来自美国、59.7%的大豆进口来自巴西。其实农产品贸易的发展本身就存在着巨大的不稳定性，比如2020年新冠疫情的突然暴发，一些国家如泰国、印度、越南、俄罗斯立刻宣布禁止大米的出口。中俄两国跨国农业产业构建，可以发挥各自的产业优势，促进产业全面转型升级，实现共同发展，共享农业产业链构建的红利。

# 8.3　中俄农业产业链构建思路

在中俄两国共同努力下，两国农业合作已取得积极进展，但问题犹存，在"新时代中俄全面战略协作伙伴关系"背景下，如何实现两国元首商定的通过两国的农业合作共同维护两国粮食安全的发展目标，均需从农业产业合作入手。立足中俄两国的农业优势，围绕"粮头食尾""农头工尾""两国双园""引进来、走出去"，搭建"中国主导、俄罗斯嵌入"、"俄罗斯主导、中国嵌入"以及"中俄共同主导、相互嵌入"的跨境产业链。以试验示范、生产加工、仓储物流为主要类型，优化区域布局和产业定位，实现食品加工品牌化，建设境内联动、上下游衔接的跨境产业集群带，使中俄农业合作走深走实。

如图8-2所示，中俄两国应充分发挥各自的产业优势，以"1+1 >2"的模式构建互嵌式产业链，不仅能提升中俄两国在农业产业链上的国际地位，而且对维护两国粮食安全，提高两国在世界粮食市场的地位具有重要的现实意义。

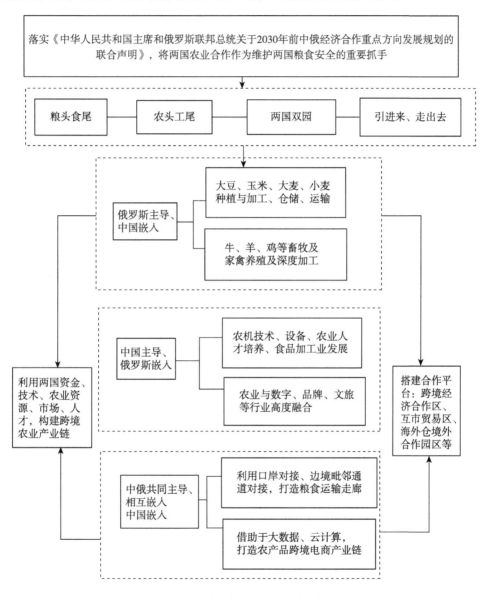

**图8-2　中俄两国跨境农业产业链思路图**

思路一：以俄罗斯主导、中国嵌入的合作模式，构建中俄农业种植及畜牧业养殖产业链。此链主要利用俄罗斯丰富的土地资源、中国充足的劳动力、种养技术及广阔的市场，形成"土地+劳动力+市场"的产业合作模式，搭建起一条跨国的"绿色农业"产业链，深度挖掘中俄两国农业合作潜力。

思路二：以中国主导、俄罗斯嵌入的合作模式，构建中俄间的农机设备制造、种子研发、食品加工等跨国农业合作链。此链主要充分发挥中国制造业大国、充足资金、发达的加工能力等优势，形成"资金＋技术＋人才＋加工"的产业合作模式，搭建起一条资金、技术、农业产业与其他产业高度融合的产业链。

思路三：以中俄共同主导、相互嵌入的合作模式，构建中俄间农业合作的硬对接及软联通产业链。此链主要发挥中俄两国间的口岸、边境、通道对接的优势，打造专门的粮食运输通道，发挥中国数字技术的优势，搭建跨境电商交易平台，使物流、支付、磋商、通关、海外仓布局、境外营销、物流仓储、快速配送及售后服务等一系列业务数字化。

综上所述，为落实中俄两国元首共同发布的《中华人民共和国主席和俄罗斯联邦总统关于2030年前中俄经济合作重点方向发展规划的联合声明》，将两国农业合作，作为维护两国粮食安全的重要抓手，中俄两国立足于各自要素禀赋及产业优势，着眼于土地资源开发、农机装备制造、跨境电商发展等相关产业发展，从产业对接与合作入手，搭建起若干条产业链。不仅有利于提升中俄两国在全球的农业地位，共同保障两国粮食安全，而且在扩大农产品贸易规模、稳固双方市场地位、提高两国相互依存度等方面均具有重要的现实意义。

# 8.4　中俄农业产业链构建策略

中俄两国在农业发展方面各具优势，俄罗斯土地资源丰富、农业发展潜力巨大，而中国劳动力、技术、市场更具优势。在当前国际局势动荡、国际关系复杂多变的背景下，只有加强中俄农业全产业链合作，才能从根本上缓解中俄两国面临的粮食风险。基于以上中俄两国农业产业合作的思路，中俄两国应围绕着"纵链"和"横链"来构建两国跨境农业产业链。纵链以"上中下游"全产业链合作为基点，解决中俄农业合作"深度"发展问题；横链以"农业＋"为核心，解决中俄两国农业产业合作"面"的问题；通过构建"纵链＋横链"，从广度和深度两个层面加强中俄两国农业产业合作，共同应对国际粮食安全风险。

## 8.4.1　中俄两国上中下游纵链构建

从纵链看，农业的跨国合作涉及一个比较长的链条，种植业包括上游土地资源开垦、种子研发；中游农作物种植、灌溉、除草及农作物收割；下游加工、储运、贸易及销售环节。畜牧及家禽养殖业包括上游的养殖、中游的加工以及下游的冷藏、运输、贸易及销售环节。基于中俄两国农业资源禀赋的差异性，两国具有不同的比较优势。为此，中俄农业合作"纵链"构建应围绕着种子研发、人才培养、多极经营主体、多元化种养以及加工、运输等方面，全方位开展，实现全产业链的垂直合作，促进中俄农业合作走深走实。基于此，中俄两国农业合作的纵链应作出如下的布局。

第一，以"土地资源＋劳动力"合作方式，开垦改良土地，提高土地产能。土地和劳动力是农业种植及养殖的重要源泉，从中俄两国的资源禀赋看，俄罗斯拥有丰富的土地资源，但从当前来看，在其四种重要的粮食作物：小麦、大麦、大豆、玉米中，除大豆外，其他三种主要集中在俄罗斯中南部黑土区、北高加索地区以及伏尔加河谷地区，与中国毗邻的远东地区占比较低，说明了俄罗斯远东地区虽有大片土地，但有待于开发和利用。而中国具有开垦土地的技术及劳动力。因此，中俄农业合作及纵链的构建应从土地资源开发开始。

第二，以"种子研发＋人才培养"方式，将科技赋能中俄两国农业合作。种子是农业领域的"芯片"，2021年中央一号文件指出，中国农业问题是"种子和耕地"问题。耕地是自然禀赋，解决中国农业问题，从根本上来说是要解决"种子"问题。如果从种子供给情况来看，中国90%的种子是可以满足的，中国拥有世界最强的水稻研究团队，在小麦与大豆的病虫害防治方面也具有世界领先水平，但在转基因技术方面却是滞后的。比如，2022年中国进口大豆中转基因大豆占比约为99%，我国进口的非转基因大豆占比仅为1.1%，其中从俄罗斯进口大豆全部为非转基因大豆。非转基因是俄罗斯大豆的特色，体现了其绿色无公害有机产品的特性，但非专基因并不意味着低产量，其根源在于缺乏高产量的种子。俄罗斯种子对进口的依赖性比较大，本国只能满足50%，还有一些农作物，如土豆、甜菜等，种子进口占90%以上。高质量种子研发及科学化种养，均离不开掌握高技术的人才。为此，需要中俄双方发挥各自优势，共同培育掌握现代化种养技术的人才显得尤为重要。因此，中俄农业合作不只是简单的租地种地，更重要的是联合攻关，培育优良品种，培养农业现代化所需要的人才。从源头上解决中俄两国农业合作与发展面临的根本问题。

第三，以"主导产业＋多种经营"的合作方式，摆脱对西方国家的依赖。俄罗斯土地资源丰富，是世界粮食生产大国及出口大国。2022年，俄罗斯农产品生产总量为1.576 3亿吨，其中大豆、小麦、大麦、玉米四大主要粮食产量共计1.49亿吨，占农产品总量的95%。农产品出口总量7 000多万吨，其中四大主要粮食出口5 285万吨，占其农产品出口总量的75%以上。由此可以看出，俄罗斯农产品优势主要集中在粮食等大类产品上，缺乏多样化经营。为此，在产业布局方面可以充分利用俄罗斯远东地区不同的自然、气候、水资源等条件，借助于中国种养技术及加工技术，种植多种蔬菜、水果，进行规模化养殖，并对农畜产品进行深加工，比如，培育特色农产品、大力发展养殖业，深度加工农产品，将农业产业链不断延伸，增加附加值。

第四，以"龙头企业＋个体经营"的模式，夯实中俄两国农业合作的基础。过去，由于缺乏信任，俄罗斯对中国企业的投资有太多的限制，特别是对一些大企业投资持非常谨慎的态度，"中国威胁论"在俄罗斯远东地区很有市场。因此多年来，中国远赴俄罗斯进行农业种植、畜牧业养殖的多数是民企或个体。但2014年以来，西方国家对俄罗斯的制裁使俄罗斯"东向"政策更加坚定。随着俄罗斯在远东地区"一区一港"优惠政策的实施，我国一些重要粮企加大了对俄罗斯远东地区的投资，在农业合作与开发方面已经初见成效。国内大型粮企如东金集团、中鼎集团和中粮集团，通过在俄罗斯租地、种植、养殖、加工等多样化的经营，初步形成了"龙头企业＋个体经营"多极经营格局。比如，东金集团，早在1999年率先在国内流转农田，后与白俄罗斯合作生产大型农机设备，再携技术与资金赴俄罗斯远东进行跨境农业合作。在哈巴洛夫斯克投资1.2亿美元建设粮食专业港口并开发了10万公顷土地用于农业种植。目前该集团已形成了完整的集现代化种植、养殖、加工、仓储、港口、物流于一体的跨境农业产业链。

第五，以"跨境物流＋国内销售"的方式，实现田间地头与餐桌跨境衔接，农业的跨国合作有其特殊性，中俄两国跨境农业合作，最终都涉及跨境运输及国内销售。无论是大宗商品如大豆、小麦、玉米贸易，还是蔬菜水果、奶酪、雪糕、面包、牛羊肉等农畜产品贸易，都需要特定的运输设施，比如冷链、通风等，需要建立两国农产品运输专线。农产品也有别于工业品，比如病虫害及疫病防治、农产品标准设定等。另外，俄罗斯对化肥的使用均采用欧洲标准，中国对俄罗斯农产品进入也有严格规定，因此，中俄两国农业合作需要建立起稳健的贸易链、跨境物流链，并与国内的销售对接，打通中俄农业产业合作的"堵点和卡点"，以保障中俄农业全产业链的"畅通"，实现中俄两国田间地头与百姓餐桌无缝衔接。

### 8.4.2 "农业+"的横链构建

当前,中俄两国农业合作处于一种初级的、粗放式的简单合作,还没有将农业与其他行业深度融合。未来,立足农业,发展复合农业,也即"农业+"将成为中俄农业合作的主要发展模式。比如"农业+文旅""农业+品牌""农业+科技""农业+数字""农业+工业"等,这不仅有利于中俄农业合作,对于俄罗斯远东开发,振兴远东将具有重要的意义。

第一,"农业+文旅"发展模式。俄罗斯远东地区,既有肥沃的土地,也有独特的景色,贝加尔湖景色宜人、俄罗斯白桦林令人神往、楚科奇神奇的"日不落"自然风光等,吸引了无数旅游爱好者的目光,特别是中国近年来随着经济发展、收入水平提高,出国旅游已成为常态。国内将旅游与农业融合的项目已经十分成熟,比如将采摘、餐饮、住宿等融合为一体的民俗项目非常受消费者青睐。利用节假日,带着孩子,在享受自然风光的同时,也让孩子见识一下农作物如何种植,亲自体验采摘瓜果蔬菜的喜悦,有的项目还给游客讲述当地悠久文化、历史,使游客在享受自然美景、品尝当地特色美食的同时,还可以感受到当地深厚的文化底蕴。

俄罗斯远东地区奇特的自然美景已吸引了无数人的目光,在中蒙俄经济走廊建设过程中,跨境旅游也是三国合作的重点项目。如果在跨境旅游中能融入农业的元素,将农业种植与悠久的农耕文化、捕猎、打鱼等融为一体,这必将为远东地区带来活力与生机。为此,在中俄跨境农业合作中,可借鉴国内成功的经验,将农家乐"搬到"俄罗斯远东地区,将农业种植与文化旅游结合,打造独具特色的旅游路线,让远东"活起来"。因此,将农业发展与文化旅游相结合,建立异国风光的"农业种植旅游园",使农业种植与自然景色相辉映,以此来打造跨国"农家乐",不仅会吸引俄罗斯居民,也将国内游客吸引到俄罗斯远东,"农业+文旅"的项目不仅能带动农业发展,也将为远东注入生机和活力。

第二,"农业+品牌"的发展模式。工业化时代,环境污染、异常天气、各种传染病的频发,引发了人们对自身健康的关注,特别是自然灾害频发,各种病虫害肆虐,粮食减产,饥饿人口规模不断扩大。根据联合国粮农组织发布的《2023年全球粮食危机报告》,2022年58个国家和地区约2.58亿人受到严重粮食危机的影响,相关数据高于2021年的53个国家和地区的1.93亿人。2022年的全球粮食不安全严重程度从2021年的21.3%上升至22.7%。为了缓解粮食危机,增加粮食产量,一些国家将大量的工业技术运用到农业生产中,还有一些国家为了提高产量,过度使用农药、化肥，严重影响了农产品的质量。

俄罗斯远东地区土地肥沃，且很多未被开垦过，俄罗斯对农业种植中的化肥、农药的使用有非常严格的管制标准，这为发展绿色无公害产品奠定了基础。在中俄农业合作中，其农产品最大的亮点是"绿色、无公害"，绿色有机是这个品牌最突出的"特点"。因此，中俄两国农业合作开发中，要重点打造"绿色品牌"，走现代化品牌化之路。

第三，"农业+科技"的发展模式。农业科技化是现代农业发展的必然要求，纵观农业发达国家，虽然农业发展的自然条件不同，但科技元素渗透到农业发展的全过程是共同特征。如美国，地广人稀，农业发展实现了全过程机械化，包括农产品生产、加工、营销各环节，实现了"从田间到餐桌"的产销一体，同时将生物技术、转基因技术等大量应用于农业种植，大幅提高了农产品产量和质量，提高了病虫害的防治能力。荷兰是人均耕地面积最小的国家之一，为了节省耕地，大力推行设施农业、植物工厂，在温室大棚进行农业工厂化模式生产，并实施无土栽培技术等。将机械、工程、电子、生物技术运用到生产全过程，使农产品从预控、分类到修剪、消毒、保鲜、包装，全程实现了自动化。日本作为一个岛国，土地资源欠缺，受资源禀赋的限制，日本特别注重农业产业链的规模和品牌效应，充分利用自身的优势，通过农产品深加工、开发独具特色的"精品"，凸显其品牌效应，成为世界农产品的强国。

从中俄两国农业发展的现实来看，中国人均耕地面积小，需要精耕细作，虽然农业技术在生产中的运用非常广泛（比如我国北斗卫星导航系统已经在我国农业生产全过程开始运用，从北斗无人机的播种、松土、收割、秸秆还田到北斗系统对农作物的灌溉、温度和湿度监管以及利用北斗系统终端完善物流配送等，不仅大大降低了生产成本，减少资源浪费，也使农业生产更精准），但与发达国家相比，还有很大的差距。俄罗斯地广人稀，机械化在农业中运用还并不充分，特别是与我国毗邻的远东地区，农业发展更多的是运用传统化的手段，虽然绿色有机无公害特征突出，但科技含量低，缺乏科技手段支撑，效率低。为此，中俄跨境农业产业链构建，必须充分发挥科技的力量，相互取长补短，将现代化科技元素与俄罗斯原始未开化的农业资源相结合，使农业发展融入更多的科技元素，形成现代化农业发展新模式，实现中俄农业的可持续发展。

第四，"农业+数字化"发展模式。互联网、大数据、云计算、区块链等数字化经济时代的到来，不仅深刻地改善着我们的生活，也改变了工农业生产的全过程。

特别是中国，数字经济发展已走在了世界前列。2023年4月，国家发布的《数字中国发展报告》（2022年）显示：2022年我国数字经济规模达50.2万亿元，总量稳居世界第二，同比增长10.3%，占国内生产总值比重提升至41.5%。农业数字化加快向全产业链延伸，农业生产信息化率超过25%。截至2022年底，累计建成开通5G基站231.2万个，5G用户达5.61亿户，全球占比均超过60%；移动物联网终端用户数达到18.45亿户，成为全球主要经济体中首个实现"物超人"的国家。

数字经济的发展，为中国经济发展注入了活力，比如，借助于数字技术，搭建其遍布全球的跨境电商网络平台，实现了农产品从田间地头到餐桌的无缝对接。相比中国，俄罗斯的数字经济略显逊色，在俄罗斯广袤的远东地区，特别需要借助于数字技术，发展现代化农业。因此中俄跨境农业产业链的构建必须融入数字技术，将农业种植、加工、销售、转运、通关等环节融入数字化技术，借助于数字化平台，打造中俄跨境智慧农业生态园，以此来规避市场风险，营造现代化农业发展的合作氛围。

# 8.5　本章小结

农业是中俄两国经济合作的重点领域，2023年中俄两国元首会晤时发布的《中华人民共和国主席和俄罗斯联邦总统关于2030年前中俄经济合作重点方向发展规划的联合声明》，不仅将农业合作作为中俄两国经济合作的重点领域，而且已将农业合作提升到了维护两国粮食安全层面，体现了中俄农业合作对中俄双方的价值与意义。为此，本章以新粮食安全观背景下中俄农业产业链构建的必要性分析为切入点，提出了两国的农业合作应以"国家倡导、政府指导、市场引导、企业主导"及"协调发展、互补发展、共同发展"为指导思想，以"共商、共建、共享、共赢"为基本原则，围绕着"粮头食尾""农头工尾""两国双园""引进来、走出去"的发展思路，按照"以俄罗斯主导、中国嵌入的合作模式；以中国主导、俄罗斯嵌入的合作模式；以中俄共同主导、相互嵌入的合作模式"三条思路合理布局中俄了两国农业产业链。在此基础上，提出了"纵链"和"横链"两种产业链构建方略。纵链以"上中下游"全产业链合作为基点，解决中俄农业合作"深度"发展问题；横链以"农业+"为核心，解决中俄两国农业产业合作"面"的问题；通过构建"纵链+横链"，从广度和深度两个层面加强中俄两国农业产业合作，共同应对国际粮食安全风险。

# 9

## 研究结论和对策建议

# 9.1  研究结论

本研究以比较优势理论、产业内贸易理论、区域经济一体化理论等为依据，在回顾中国与俄罗斯农业合作发展历程的基础上，通过出口绩效相对指数、显性比较优势指数、贸易专业化指数等一系列指标测算、评估中俄两国农业产业耦合度，以期为中俄农产品贸易和产业链构建提供支撑；从贸易规模、结构、投资及产业链等角度厘清中俄农业合作现状和存在的问题，结合当前新形势分析中俄农业合作的新机遇和新挑战，以期加深对中俄农业合作的全面认识；分别从进口和出口两个角度，利用随机前沿引力模型分析出农业用地面积、农业增加值、班轮运输指数与参与共建"一带一路"合作是中国对俄罗斯进口贸易中的主要影响因素，农业用地面积、农业增加值、班轮运输指数及中国贸易自由度是中国对俄罗斯出口贸易中的主要影响因素；利用随机前沿引力模型对贸易非效率进行测算，探究中俄农产品贸易效率与实际贸易额的差异性，研判中俄农产品和分类农产品贸易的潜力；并据此，从广度和深度两个层面提出构建中俄农业"纵链＋横链"方略，共同应对国际粮食安全风险；最后，提出新粮食安全观视角下深化中俄农产品贸易和农业产业链建设的对策建议。本研究的主要结论如下：

第一，中俄农业合作历史久远，前景可期。中俄农业合作的历史可以追溯到中苏时期，从20世纪50年代开始，中苏农业合作经历了蜜月期、衰退期、恢复期；东欧剧变后，新成立的俄罗斯作为苏联的主体继承者，与中国的合作进入了新的阶段。中俄农业合作发展大致可以划分为三个阶段：第一阶段是中俄农业合作发展阶段，在20世纪90年代，中俄关系正常化后，中俄边界贸易得以恢复，但该阶段中俄农业合作主要表现为"自发"的边境互动，缺乏两国政府间的直接合作。第二个阶段是2000—2013年，是中俄农业合作持续推进的阶段，在这一阶段中俄农业合作的整体框架基本搭建形成；第三个阶段是2014年至今，两国农业合作进入不断完善和持续深化的阶段。在国际环境和区域经济格局变化的推动下，中俄两国农业合作在这一时期得到稳定有效的长足发展，农业合作范围不断扩大，农业合作程度不断加深，相应的合作机制也在不断建立和完善，尤其是在农业合作政策协调上取得显著进展，中俄农业合作正迎来无限商机。

第二，中俄农业合作基础深厚，农产品竞争性与产业合作耦合度高。中俄农业合作基础深厚，主要体现为以下四个方面：中俄两国农业资源存在高度互补性；中俄两国农产品供需呈现对接性；中俄两国发展战略展现匹配性；中俄两国保障粮食安全意愿凸显一致性。通过对中俄农产品贸易相关指数的深度测算及分析，得到有关两国农产品竞争性和互补性的初步认知：（1）中俄农产品对外出口运行状况总体上呈良性发展，在出口规模稳步扩张的同时，出口贡献和出口效率都在不断提高，但相对而言，我国农产品出口竞争力和比较优势整体在下降，而俄罗斯农产品出口竞争力和比较优势整体在上升。（2）我国和俄罗斯农业资源禀赋和优势产业具有很强的互补性，我国的水果、蔬菜、肉制品，俄罗斯的谷物、油料产品、乳制品在双方市场具有比较优势且优势逐渐增强，水产品在中俄出口结构中均具有较强的比较优势。（3）结合中俄当前农产品贸易实际来看，我国果蔬类产品、水产品及肉制品，俄罗斯油料产品、乳制品、谷物分别是双方贸易密切度最高的产品。

第三，中俄高度重视两国在农业方面的合作，农产品贸易稳定发展，产业合作有序推进。中俄农产品贸易规模持续提升、中俄农产品贸易增长率逐步提升、中俄农产品贸易结构不断优化、中俄农产品贸易份额缓慢提升、中俄农业投资不断深化、中俄农业合作机制不断完善、中俄农业合作的基础设施持续改善、中俄农业全产业链建设初见成效，但同时，我们也必须意识到中俄农业合作水平和质量与两国农业发展潜力相比还有较大差距，中俄农产品贸易规模较小、贸易政策限制较多、农业投资面临的风险高、基础设施无法有效对接、农业科技合作水平偏低、农业合作保障机制尚未健全等问题正制约着中俄农业合作的深度发展。中俄全面战略协作伙伴关系的全新升级、俄罗斯远东开发新政的落地实施、大豆合作发展规划签署为中俄农业合作提供了发展空间，但也面临着诸如受美国及其他西方国家制裁、经济利益冲突、经济安全威胁论渲染、文化差异牵制等诸多挑战。

第四，影响中国与俄罗斯农产品贸易的因素包括农业用地面积、农业增加值、班轮运输指数及贸易自由度等。在借鉴前人研究的基础上，总结出影响中国与俄罗斯农产品贸易的主要因素有双方经济发展水平、农业劳动力数量、农业发展状况、两国农业基础设施建设及贸易自由度等，本研究重点关注农业增加值、农业生产指数、农业用地面积、班轮运输及贸易自由度等具体指标。

第五，影响中国与俄罗斯农产品进出口贸易的各因素及其影响程度不尽相同。运用随机前沿引力模型对中国与俄罗斯农产品贸易影响因素进行实证分析，研究发现：中国从俄罗斯进口农产品影响因素，除了传统核心变量外，俄罗斯班轮运输指数及农业增加值对中国进口俄罗斯农产品影响程度最大，这主要是因为农产品自身的特殊性及对运输储存条件的高要求，所以俄罗斯的农业发展状况及农业基础设施建设显得尤为重要。中国向俄罗斯出口农产品的主要影响因素是中国班轮运输指数及中国农业用地面积，所以加快运输方式的便捷化速度，提高运输效率、降低运输成本，注重农业高质量发展有助于改善中国农产品贸易结构。

第六，中国与俄罗斯农产品贸易效率较低，贸易潜力巨大。从贸易潜力的实证结果来看，无论是中国对俄罗斯出口农产品还是中国从俄罗斯进口农产品，中国与俄罗斯贸易效率值表现均偏低。从贸易潜力的提升空间来看，中国与俄罗斯农产品进口潜力呈整体递增趋势，出口潜力则出现略微下降趋势，中国出口俄罗斯农产品贸易潜力远大于中国进口俄罗斯农产品贸易，未来俄罗斯市场很可能成为中国重要的农产品出口市场。中国与俄罗斯分类农产品贸易潜力表现不一。从产品层面的角度看，中国与俄罗斯在水产品领域合作空间广阔，有着巨大的贸易潜力，中国还应该大力挖掘与俄罗斯在谷物与油料产品的贸易潜力，保障粮食安全；同时转变对俄罗斯蔬菜水果的出口策略，开拓新的合作方式。

第七，新粮食安全观背景下构建中俄农业产业链势在必行，提出"纵链"和"横链"两种产业链构建方略，为解决中俄农业产业合作深度和广度问题提供可鉴参考。中俄两国的农业合作应以"国家倡导、政府指导、市场引导、企业主导"及"协调发展、互补发展、共同发展"为指导思想，以"共商、共建、共享、共赢"为基本原则，围绕着"粮头食尾""农头工尾""两国双园""引进来、走出去"的发展思路，按照"以俄罗斯主导、中国嵌入的合作模式；以中国主导、俄罗斯嵌入的合作模式；以中俄共同主导、相互嵌入的合作模式"三条思路合理布局中俄两国农业产业链。在此基础上，提出"纵链"和"横链"两种产业链构建方略。纵链以"上中下游"全产业链合作为基点，解决中俄农业合作"深度"发展问题；横链以"农业+"为核心，解决中俄两国农业产业合作"面"的问题；通过构建"纵链+横链"，从广度和深度两个层面加强中俄两国农业产业合作，共同应对国际粮食安全风险。

# 9.2　对策建议

中俄互为毗邻大国，山水相连，无论是从客观条件，还是从主观意愿出发，两国建立保障粮食安全的命运共同体都是双方必然的选择。在美国等西方国家对中国和俄罗斯实施各种遏制和制裁的背景下，中俄在共同保障粮食安全等方面开展紧密合作，携手同行，更是必由之路。双方应发挥独特的地缘区位和生产要素禀赋等方面的优势，充分利用当下有利于双方开展农业合作的难得机遇，充分挖掘中国与俄罗斯农产品贸易的巨大潜力，构建起高效的中俄农业产业链，不断扩大双边农业产业化合作规模，为此，我们试图提出推动中俄共同保障粮食安全合作的具体举措。

## 9.2.1　加强农业合作，提高对粮食安全的认识

美国是世界农业大国，早在1970年，美国就开启了粮食外交，并构建起了美国主导的粮食霸权。美国前国务卿基辛格曾说过，谁控制了粮食，谁就控制了人类。美国农业部前部长约翰·布洛克说过，粮食是一种武器，用法就是将各国系在我们的身上，它们就不会捣乱。美国经过半个世纪的谋略，不仅占据了全球四大粮仓中三大粮仓，掌控了全球的农业产业链，而且通过轮耕制度控制全球的粮食供应量，以此来影响全球的粮食价格。虽然中国无意称霸世界，但人多地少的现实，使粮食稳定供应成为保障国家安全的首要任务。为此，中俄两国应提高对粮食安全的认识，俄罗斯是世界农业资源大国，中国是粮食消费大国，中俄两国应相互携手，借助于在粮食市场的供给者与需求者身份，通过加强农业领域全产业链的合作，来打破西方国家对国际粮食市场的控制，提高在国际粮食市场的话语权。这不仅有利于提高中俄两国粮食安全问题，也有利于稳定全球的粮食局势。

## 9.2.2　充分发挥比较优势，提高贸易相互依赖程度

中俄两国农业领域各自的比较优势显而易见。俄罗斯土地资源丰富，中国劳动力、资本、技术具有比较优势。从中俄两国农产品贸易结构来看，基本体现了这一特征。中国出口俄罗斯的农产品主要集中在瓜果、蔬菜及加工品等劳动密集型的产品，俄罗斯出口中国的如大豆、小麦、冻鱼等富有资源特性产品。但总体规模偏小，中俄两国对西方国家市场的依赖远超中俄两国对相互市场的依赖，如中国大豆需求量每年超过亿吨，但俄罗斯全部产量也仅几百万吨，俄罗斯最大贸易伙伴当

前依然是欧盟，其次是土耳其。中国也仅排在第三的位置。为应对国际粮食安全威胁，降低国际粮食安全风险。中俄两国应放下"心中芥蒂"，按照比较优势来合理安排生产与贸易，充分发挥各自的比较优势，采取多样化的措施。如中国劳动力充足，且种植经验丰富，将中国劳动力与俄罗斯丰富的土地资源相结合，加上中国技术和资金将极大提升俄罗斯粮食生产及加工能力，提升中俄两国农产品贸易依存程度，降低对西方市场的依赖，降低当前面临的国际粮食安全风险。

### 9.2.3　挖掘贸易潜力，推动农业合作

从政府、行业及企业角度共同挖掘贸易潜力，推动农业合作。中俄两国拥有良好的地缘优势，资源丰富优势互补，要优化中俄两国农产品贸易市场结构，提高市场匹配度，充分挖掘中国与俄罗斯农产品贸易潜力。贸易非效率是贸易潜力提升的关键，两国应就大力完善交通等基础设施建设，提升贸易自由化程度等问题进行合作，努力打破贸易壁垒，创造公平透明的贸易条件[55]。2019年6月中俄两国签署《中华人民共和国和俄罗斯联邦关于发展新时代全面战略协作伙伴关系的联合声明》，为两国农业合作夯实政治基础。首先，政府应提高治理管理能力，推动政府与民间的交流沟通，积极推进中俄农业合作。其次，行业协会要发挥带动作用，呼吁并鼓励更多农业企业参与到中俄农业合作和农产品贸易中。通过举办贸易博览会及展销会等形式，加强双方信息交流；不仅能为双方企业开展农产品贸易提供更多机会，还可以借此深入了解双方市场动向，知晓消费者需求，根据行业及消费者需求制定有针对性的贸易方向，扩展贸易潜力。最后，加强行业协会沟通交流，注重发挥俄罗斯资源禀赋和中方资金技术优势，推动双方农业深度合作，积极释放需求信号，进一步挖掘贸易潜力。

### 9.2.4　关注重点领域，优化农产品贸易结构

中俄两国要关注重点领域，不断优化贸易结构，减少粮食威胁风险。目前中国与俄罗斯农产品贸易结构较为单一，多集中在水产品、蔬菜水果及谷物、油料、植物油等方面，这主要受俄罗斯自然资源禀赋影响。首先，调整中国对俄罗斯农产品贸易进出口种类。中国对俄罗斯农产品贸易看似种类丰富，实则主要集中在几类农产品上，这种单一的贸易结构为贸易发展带来了不确定性，但继续挖掘这部分农产品的贸易潜力也是十分必要的。2020年俄罗斯制定渔业整体发展规划[46]，强调俄罗斯要追赶并确立高附加值渔业产品在世界水产品贸易中的领导地位，俄罗斯作为中

国水产品贸易大国,更要继续探索未来的合作机会和贸易潜力。其次,对于谷物、油料、植物油等农产品要持续扩大贸易规模。2018年中美贸易摩擦以来,大豆等油料作物一直受西方国家及世界主要粮食供应商的贸易管控,严重威胁中国粮食安全。俄罗斯土地要素禀赋丰富,土地密集型农产品生产潜力和出口竞争优势巨大,谷物产品和油料产品的出口潜力较大。同时俄罗斯政府也给予政策支持来加大对油料作物的贸易资金补贴,减少贸易成本。中俄两国农产品生产优势互补,关注重点领域的贸易合作,有利于优化两国贸易结构朝着更加安全健康的贸易方向发展。

### 9.2.5  细化农业产业链,深度挖掘中俄农业合作的潜力

贸易发展的基础是产业合作,只有加强产业合作,才能夯实贸易发展的基础,中俄农产品提升的基础在于搭建跨国农业产业链。农业涵盖的范围很广,且产业链条长,从上游的种子研发、土地资源开发、种植、灌溉、施肥、除草,到后期的收割、加工、储存与运输等,中间涉及太多的环节,均需要中俄密切配合、协同作战。以美国为例,对国际粮食局势的把控就在于其掌控了从种子培育、化肥生产到运输通道、销售流通的整个链条。而对于中俄两国农业合作来说,加强产业链的构建,打通各个环节的"堵点",才能真正提升农产品贸易的发展基础。具体来说,就是根据中俄两国农产品贸易各自的比较优势,细化产业链:

第一,搭建瓜果蔬菜产业链。该产业链上游产地主要在中国,消费市场主要在俄罗斯,中间环节方面包括从种植(浇水、除草、施肥等)到收获、加工的全过程及保鲜、通关、运输、配送等链条。其间需要两国密切配合,如种子筛选问题、除草剂以及化肥的选择问题均需要双方协调。中俄瓜果蔬菜产业链的搭建可以包括以下几个方面的工作:(1)产地选择:中俄两国的气候和土地条件都各有优势,可以选择适宜的地区建设农场和种植基地,如中国的东北地区、新疆、内蒙古等地和俄罗斯的远东地区、西伯利亚等地。(2)种植技术:针对不同的瓜果蔬菜品种,采用适宜的种植技术,如温室种植、露天种植、水培种植等,保证产品质量和产量。(3)品种选择:根据市场需求和种植条件,选择适宜的品种,保证产品的口感、营养和品质。(4)运输和储存:建立完善的运输和储存体系,保证产品在运输过程中不受损失,储存过程中不受污染。目前,俄罗斯在物流方面存在较大制约,需要做到硬设施联通、软环境对接。(5)营销渠道:建立中俄之间的营销渠道,进行市场开拓和推广,增加产品的知名度和销量。(6)政策支持:政府可以出台相关的政策,鼓励企业在中俄之间建设瓜果蔬菜产业链,提供资金和税收支持等措施。通过以上

方面的工作，可以搭建起中俄瓜果蔬菜产业链，提高两国之间的贸易和经济合作水平，促进两国农业和经济的共同发展。

第二，搭建粮食产业链。粮食贸易是中俄农产品贸易的重中之重，中俄粮食产业链的搭建是中俄农业产业链搭建的核心和重点。粮食产业链包括种植、仓储、加工及运输等。基于中俄两国要素禀赋及各自在粮食方面的比较优势，粮食链条的各环节均需要双方密切配合。粮食种植除了机器设备的投入外，还需要更多劳动力的投入，中国的劳动力是具有绝对优势的。俄罗斯劳动力的短缺，需要从吸纳中国劳动力以及培养当地劳动力两方面入手来缓解劳动力短缺形成的制约。粮食的储存与加工方面中国优势更加突出，粮食储备一直是国家粮食安全的重要组成部分，中国多年为此制定了许多积极的政策，投入了大量资金与人力资源。因此，在粮食储备方面具有丰富的经验。在粮食运输方面需要中俄共同建立一条粮食转运通道，使粮食运输畅通无阻。当然中俄两国最需要畅通的是市场对接，中国作为粮食进口大国，市场潜力无限，俄罗斯作为粮食出口大国，需要深度挖掘中国粮食市场，实现中俄两国粮食生产、运输无缝隙对接，全面提升中俄的粮食贸易水平和规模。

第三，搭建水产品产业链。从中俄两国的水产品贸易发展现实来看，鱼类、甲壳动物、软体动物及其他水生无脊椎动物等水产品是中俄农产品贸易的重点产品，在两国农产品贸易中金额大、占比高。比如2020年，该类产品是中国自俄罗斯进口的农产品中贸易额最大的，进口金额为18.4亿美元，占中国自俄罗斯进口农产品的45%；同时该类产品也是中国出口俄罗斯的第三大类农产品，2020年出口金额为1.7亿美元，占中国出口俄罗斯农产品的12.2%。虽然从产品大类上看，均属于水产品，有相似之处，但各自的优势又有不同。因此，中俄两国需要立足于各自的产业优势，重点打造两国水产品产业链，稳定两国水产品贸易。

### 9.2.6 中俄联合"攻关"，解决"卡脖子"的问题

种子是农业发展的"芯片"。对于中俄来说，制约农业发展最根本的问题是"种子"问题。相较于美国等西方国家借助于高科技，将转基因种子作为其提高产量的主要手段，俄罗斯非转基因种子是一大亮点。但非转基因不等于低产，可以通过研发高质量的种子提高其产量。在俄罗斯，虽然其种子供给量不足50%，但对于来自中国的种子有非常严格的限制。为避免中俄双方在种子问题上的分歧，未来，在种子研发方面需要中俄双方加强沟通与合作，通过联合培育、共同攻关，摆脱对他国种子的依赖，只有这样才能从根源上解决威胁中俄两国农业"卡脖子"的问题。

### 9.2.7 健全检验制度，提高合作质量

建立健全农产品生产规范和质量检验制度，提高农产品生产质量。首先，中国企业要生产符合国际要求的有机绿色无添加食品，尤其要符合俄罗斯农产品出口技术标准与要求，学习了解俄罗斯农产品贸易方面的法律法规，并严格执行；同时要按照国际监管标准进行生产加工，并根据国际农产品质量自检制度加强农产品全产业链的质量安全控制。其次，不断改善检验检疫标准，自发与国际市场的农产品检验检疫标准对接，严格按照国际标准自检自查，对于不达标的农产品施行出口禁令，从源头控制风险，消除农产品出口受限的阻碍[63]。推动签署两国农产品进出口品质标准及两国农产品质量认证等协议，实行两国质检双认证，从根本解决部分农产品绿色贸易壁垒问题。最后，制定质量检验标准也有助于提高中国进口农产品质量。近几年，疫情肆虐对中国肉类产品的进口提出了严峻挑战，中国对肉类食品进口质量要求进一步提高，中国与俄罗斯需加快构建农产品质量相互认证体系，建立健全共同质量认证协议或制度；加强双方在标准、检疫、认证等方面的合作交流，促进两国的农产品合格评定认证，提高农产品质量监管；简化检验通关手续，消除双边贸易中的绿色贸易壁垒。

### 9.2.8 加大对俄农业投资，提高国际话语权

加大对俄农业投资，有助于提升国际农产品供给地位。虽然俄罗斯农业发展水平不断提高，但俄罗斯农产品生产水平依然相对较低，农业生产力水平发展不足，缺乏农业生产方面的高素质人才，缺少为俄罗斯农产品生产、加工及贸易提供便利的物质基础。首先，中国要加大对俄农业投资规模，可以考虑俄罗斯农业发展的薄弱环节，也可选择俄罗斯农业发展的重点领域；近几年，中国油料作物的进口规模逐年上升，可以加大对俄油料产品方面的生产投资。其次，要着重投资中国从俄罗斯进口规模最大的农产品类型，同时也要加大对俄罗斯农产品产业链关键环节的投资，这有助于提升俄罗斯农业生产质量，也有助于提升中国国际农产品供给话语权。最后，对俄罗斯重点投资方向，要紧跟俄罗斯政府农业政策转变，尤其是近几年俄罗斯出台的农业政策，大力推动水产品、动物产品及油料产品的出口，中国应加大对以上产品的投资，加强与俄罗斯的农业合作。同时，对俄罗斯的农业投资还应注意向多角度全方位方向发展，注重产业链后端环节包括加工、仓储、物流等，形成高附加值农产品市场，进而提升中国农业企业的国际竞争力。

### 9.2.9 完善基础设施，减少合作成本

在中蒙俄经济走廊建设背景下，中国政府要积极引导中国基建企业技术出口，投资俄罗斯基础设施建设，减少贸易成本，提高贸易效率。中国企业在基础设施建设方面，拥有领先的经验与较为优越的技术，可以帮助俄罗斯进行农产品基础设施建设，特别是在高铁修建、港口建设及农业资源利用方面都具有较强的技术竞争优势。同时，中国企业还可以将投资重点聚焦农产品生产设备方面，随着科技水平的不断提高，中国农产品生产效率得到改善，农业生产设备与其他农业相关设备的发展水平较为成熟，可以利用俄罗斯先进的重工业体系，提高农机设备的生产效率及使用效率，以帮助俄罗斯快速提高农产品生产水平，发挥双方优势，实现合作共赢。对于中国农业投资及基础设施建设，可以将重点聚焦建设农业合作生产基地，在俄罗斯东部铁路与中国口岸相连的大通道沿线选取场地，以实现快速辐射周边，快速到达市场的目的；生产基地打造集约化的生产模式，采取相同的生产及检验检疫标准；延长农产品产业链，大力发展高附加值农产品，提高农产品经济效益，此外，两国通力合作，也有助于实现农产品贸易便利化。最后，要吸引国内外企业投资农产品市场，以福利政策及资金支持来吸引生产基地的建设投资。

### 9.2.10 设立风险基金，促进农业投资可持续发展

中国在俄罗斯境内开展农业投资合作活动，因俄罗斯自然环境、天气状况以及其他一些不确定性因素，可能导致中国在俄罗斯的农业投资受到较大的影响。因此需要中俄两国政府或地方政府有关部门建立中俄农业投资合作风险基金，当出现异常天气或其他自然灾害导致农业减产时，中国在俄罗斯开展农业投资合作的企业或个人可以获得一定的补偿，不至于血本无归，使他们愿意继续开展双边农业合作。

此外，在调研中，一位在俄罗斯种地的中国农民说："国家也应该给我们这些在国外从事农业合作的人一些相应的补贴。"的确，目前国家还没有对在境外从事国际农业合作的企业或个人给予相应补贴的政策。为了减轻中国农业劳动力在境外从事农业活动的负担，增加其收入，建议国家给予他们一定的补贴以示鼓励，这也是对他们的境外农业合作的可持续发展，为保障国家粮食安全做出的积极贡献表示感谢。在税收优惠方面，中国企业或个人在俄罗斯境内开展农业合作获得的粮食，在回运通过海关时，通常按照进口粮食征收关税，使境外粮食回运的利润空间缩小，在一定程度上影响了从事国际农业合作企业或个人的积极性。因此，建议国家能够

对从俄罗斯或其他境外回运的粮食给予一定的关税优惠，以增强其参与国际农业合作的信心。

### 9.2.11 加强区域合作，共创合作机制

发挥中蒙俄经济走廊区域合作协调效应，共同探索农业合作机制。中蒙俄经济走廊建设的不断深入，大大改善了双方的交通基础设施，也进一步推动了通关口岸建设。双方围绕农产品绿色桥梁、通关检验等建立了多部门统筹机制，依托口岸建设构建边疆地区农产品装运储存枢纽，并发展新兴贸易形式，积极推进农产品海外运输及仓储中心建设。中俄两国开展沟通交流，有效协商贸易、投资、合作问题，打通中国与俄罗斯之间的农产品贸易壁垒，提高贸易便利化水平，促进中俄双方农产品贸易信息的交流，同时构建双方市场信息沟通桥梁，共同应对市场信息不透明的问题，这可以在很大程度上降低农产品贸易的交易成本。中俄两国可以一同开展建设自贸区协议，共同克服在农产品贸易方面存在的问题，利用双边合作机制，改善农产品贸易环境，为提升中俄农产品贸易潜力，推进农业合作创造新机会。

# 参考文献

[1] PAIK K W. Energy cooperation in Sino-Russian relations：The importance of oil and gas[J]. The Pacific Review, 1996, 9（1）: 77-95.

[2] 侯敏跃, 韩冬涛. 中俄、中澳能源合作比较研究: 合理性、有效性、可持续性探析 [J]. 俄罗斯研究, 2012（1）: 106-124.

[3] 徐坡岭, 贾春梅, 徐纪圆. 中国与俄罗斯对外贸易结构比较及相互合作机会: 基于贸易增加值的分析 [J]. 俄罗斯东欧中亚研究, 2014（5）: 34-42, 95-96.

[4] YANG J J. Cross-border Transportation Cost, Spatial Balassa-Samuelson effect and the regional distribution of China's export trade[J]. International Economics & Trade Research, 2016.

[5] 张鑫. 中国与俄罗斯木质林产品贸易显性比较优势及其互补性分析: 基于 UN Comtrade 数据库 1996—2015 年的数据 [J]. 世界农业, 2017（10）: 113-121, 236.

[6] 齐绍洲, 付泽希. 基于全球价值链视角的中国与俄罗斯贸易解构分析 [J]. 商业研究, 2017（6）: 86-94.

[7] LI Z, LI J, YANG Y, et al. Sino-Russian natural gas cooperation: structure and situation[C].IOP Conference Series: Earth and Environmental Science, 2018, 190（1）: 012057.

[8] 刘智鑫. 中蒙俄跨境经济走廊 [D]. 天津: 天津财经大学, 2019.

[9] FENG A.Opportunities and challenges of Sino-Russian economic and trade cooperation under the background of COVID-19 epidemic [J]. Economic, Political Science, 2020: 149-154.

[10] YU G Z, WANG R F. Conception of establishing the Sino-Russian border free economic region[J]. Chinese geographical science, 1999, 9（3）: 236-242.

[11] 邝艳湘. 当前中国与俄罗斯双边贸易的竞争性和互补性实证研究 [J]. 国际商务研究, 2011, 32（1）: 41-48.

[12] 徐坡岭, 贾春梅, 徐纪圆. 中国与俄罗斯对外贸易结构比较及相互合作机会: 基于贸易增加值的分析 [J]. 俄罗斯东欧中亚研究, 2014（5）: 34-42, 95-96.

[13] 佟光霁, 石磊. 中国与俄罗斯农产品贸易及其比较优势、互补性演变趋势 [J]. 华南农业大学学报（社会科学版）, 2016, 15（5）: 110-122.

[14] 杨杰.中国与其他金砖国家GVC分工特征及贸易互补性研究[J].当代经济管理，2019，41（3）：53-60.

[15] 李根丽，魏凤.中国与俄罗斯、哈萨克斯坦农产品贸易特征分析[J].世界农业，2017（11）：138-145.

[16] 张宁宁，钟钰.中俄农产品贸易发展动态与对策分析[J].国际贸易，2017（12）：30-34.

[17] 佟光霁，石磊.基于产业内的中俄农产品贸易实证分析[J].农业经济问题，2017，38（6）：89-100.

[18] 乔榛，郑岩.中俄农产品贸易与农业合作便利化研究[J].学术交流，2021（3）：88-99，192.

[19] 张国梅，宗义湘.中国与其他金砖国家农产品产业内贸易及其影响因素分析[J].统计与决策，2018，34（9）：143-146.

[20] 许晓冬，刘金晶.中俄互补性果蔬产品贸易发展动态及影响因素分析[J].价格月刊，2021（1）：54-63.

[21] 杨桔，祁春节."丝绸之路经济带"沿线国家对中国农产品出口贸易潜力研究：基于TPI与扩展的随机前沿引力模型的分析框架[J].国际贸易问题，2020（6）：127-142.

[22] 张英.基于引力模型的中国与俄罗斯双边贸易流量与潜力研究[J].国际经贸探索，2012，28（6）：25-35.

[23] 郝宇彪.中国与俄罗斯贸易合作水平的影响因素分析：基于贸易引力模型[J].经济社会体制比较，2013（5）：175-182.

[24] ISCHUKOVA N，SMUTKA L. Russia's intra-industry trade in agricultural products：The extent and major trends[J]. Journal of Central European Green Innovation，2014，2：75-89.

[25] SONG Z，ZHU Q. Spatio-temporal pattern and driving forces of urbanization in China's border areas[J]. Journal of Geographical Sciences，2020，30（5）：775-793.

[26] 万永坤."丝绸之路经济带"建设视域下的中国与俄罗斯贸易合作潜力分析[J].兰州大学学报（社会科学版），2017，45（2）：139-145.

[27] 刘用明，朱源秋，吕一清."一带一路"背景下中俄双边贸易效率及潜力研究：基于随机前沿引力模型（SFGM）[J].经济体制改革，2018（5）：78-84.

[28] 刘业欣，李丽.对中俄双边货物贸易潜力的分析与思考[J].金融与经济，2018

（7）：93-96.

[29] 刘威，丁一兵.中蒙俄经济合作走廊贸易格局及其贸易潜力分析[J].商业研究，2016（10）：24-31.

[30] 徐坡岭，那振芳.贸易潜力与中国与俄罗斯经贸合作的天花板及成长空间问题[J].上海大学学报（社会科学版），2018，35（4）：1-16.

[31] 吴国春，周靓月，田刚，等.中蒙俄经济走廊视域下中国木质家具贸易潜力测度[J].林业经济问题，2018，38（1）：62-68，108.

[32] 李艳华."中蒙俄经济走廊"经济效应影响因素及贸易潜力分析[J].统计与决策，2019，35（3）：154-156.

[33] 田刚，杨光，吴天博，等.中国与俄罗斯之间木质林产品贸易优势及潜力演变[J].东北林业大学学报，2021，49（4）：112-120.

[34] 张萌，张宗毅.我国农机产品出口贸易流量及潜力：基于引力模型的实证分析[J].国际贸易问题，2015（6）：148-154.

[35] 杨逢珉，丁建江.借"一带一路"之力扩大对俄罗斯农产品出口：基于二元边际和VAR模型的实证研究[J].国际商务研究，2016，37（3）：37-46.DOI：10.13680/j.cnki.ibr.2016.03.003.

[36] GRIGORENKO O V, KLYUCHNIKOV D A, GRIDCHINA A V, et al. The development of Russian-Chinese relations：prospects for cooperation in crisis[J]. International journal of economics and financial issues, 2016, 6（1S）.

[37] 崔欣.中俄农产品贸易合作影响因素研究[D].哈尔滨：东北农业大学，2017.

[38] 孙红雨，佟光霁.俄罗斯绿色贸易壁垒对中国与俄罗斯农产品贸易的影响[J].江西社会科学，2019，39（3）：77-85.

[39] 高江涛，李红，邵金鸣，等.中俄粮食资源走廊建设：潜力及影响因素分析[J].贵州财经大学学报，2021（1）：22-29.

[40] 赵雨霖，林光华.中国与东盟10国双边农产品贸易流量与贸易潜力的分析：基于贸易引力模型的研究[J].国际贸易问题，2008（12）：69-77.

[41] 时淑媛."一带一路"视角下中国农产品出口贸易发展潜力研究[D].长春：吉林财经大学，2018.

[42] 陈继勇，刘燚爽."一带一路"沿线国家贸易便利化对中国贸易潜力的影响[J].世界经济研究，2018（9）：41-54，135-136.

[43] 李爽，崔欣，谭忠昕.中国与俄罗斯农产品贸易合作基地构建研究[J].经济纵

横，2016（6）：70-75.

[44] 王瑞.中国与"丝绸之路经济带"沿线国家农产品贸易潜力研究 [D].杭州：浙江工业大学，2015.

[45] 张弛，顾倩倩，Самбуева Д.Ц-Д.中国与俄罗斯远东地区农产品贸易互补性与潜力分析 [J].价格月刊，2020（9）：28-35.

[46] 白雪冰，许昭，周应恒.中俄农产品贸易特征及合作前景分析 [J].俄罗斯研究，2021（4）：176-196.

[47] 洪秋妹."一带一路"背景下农产品贸易实证研究：以中国与中亚五国为例 [J].技术经济与管理研究，2019（7）：108-113.

[48] 曾贤刚，段存儒，王睿.中国农产品贸易虚拟水转移及其影响因素研究 [J].中国环境科学，2021，41（2）：983-992. DOI：10.19674/j.cnki.issn1000-6923.2021.0110.

[49] ANDERSON K. Changing comparative advantages in China：effects on food，feed，and fiber markets [J]. American Journal of Agricultural Economics，1991，73（3）：965-966.

[50] ARMSTRONG S P. Measuring trade and trade potential：a survey[J]. Crawford School Asia Pacific Economic Paper，2007（368）.

[51] TINBERGEN J. Shaping the world economy：suggestions for an international economic policy [J]. American Journal of Agricultural Economics，1962，46（1）：271-273.

[52] EGGER P. An econometric view on estimation of gravity models and the calculation of trade potential [J]. The World Economy，2002，25（2）：297-312.

[53] 连小璐，田志宏.我国农机产品对外贸易的比较优势分析 [J].农业技术经济，2004（4）：74-79.

[54] 海雯，施本植.中国与中东欧国家贸易竞争性、互补性及贸易潜力研究：以"一带一路"为背景 [J].广西社会科学，2016（2）：78-84.

[55] 何婵，姜延书，孟东梅.中巴贸易合作前景展望：基于贸易潜力测算的分析 [J].全国流通经济，2019（24）：20-21.

[56] 丁存振，肖海峰.中国与中亚西亚经济走廊国家农产品贸易特征分析：基于"一带一路"战略背景 [J].经济问题探索，2018（6）：112-122，163.

[57] 郝瑞锋."一带一路"背景下我国与中亚五国农产品贸易潜力探析 [J].商业经济研究，2020（24）：151-154.

[58] 王金波."一带一路"经济走廊贸易潜力研究：基于贸易互补性、竞争性和产业国际竞争力的实证分析[J].亚太经济，2017（4）：93-100，175.

[59] 李豫新，王昱心.中国与"一带一路"沿线国家农产品产业内贸易影响因素实证分析[J].价格月刊，2021（2）：21-29.

[60] 高宇.我国对非洲OFDI动因的贸易视角：基于引力模型的实证分析[J].经济经纬，2016，33（1）：60-65.

[61] 梁烨，崔杰."一带一路"倡议下物流绩效对我国贸易潜力的影响：基于扩展的引力模型[J].商业经济研究，2019（1）：94-97.

[62] 陈靓.PTA协定中服务自由化"深度"的测量及对贸易增长影响的实证[J].世界经济研究，2019（3）：57-67，136.

[63] 吴天博，田刚."丝绸之路经济带"视域下中国与沿线国家木质林产品贸易：基于引力模型的实证研究[J].国际贸易问题，2019（11）：77-87.

[64] 佟家栋，王芊.基于异质性企业贸易理论的量化贸易模型：理论和应用[J].国际贸易问题，2021（5）：1-17.

[65] 鲁晓东，赵奇伟.中国的出口潜力及其影响因素：基于随机前沿引力模型的估计[J].数量经济技术经济研究，2010，27（10）：21-35.

[66] 马凌远.中国对外贸易成本的分解及其对出口的影响：基于随机前沿引力模型[J].世界经济研究，2012（9）：66-71，80，89.

[67] 李晓，张宇璇，陈小辛.中国与"一带一路"参与国的贸易潜力研究：以最终消费品进口为例[J].南开经济研究，2020（1）：45-69.

[68] 亚当·斯密.国富论[M].谢组均，译.北京：商务印书馆，2007.

[69] 王宏广.中国粮食安全：战略与对策[M].北京：中信出版社，2020.

[70] 李建民.推动中俄经贸合作行稳致远[N].中国社会科学报，2019-06-11（001）.

[71] 刘华芹，于佳卉.世界变局中的中俄经贸合作[J].欧亚经济，2019（1）：1-19，125，127.

[72] 魏泳安.习近平新时代粮食安全观研究[J].上海经济研究，2020（6）：14-23.

[73] 李爽，祖歌言.中国对俄罗斯农产品出口贸易效率研究：基于"一带一路"背景[J].价格月刊，2020（1）：30-37.

[74] 崔宁波，董晋.新时代粮食安全观：挑战、内涵与政策导向[J].求是学刊，2020（6）：56-65.

[75] 姜振军，赵彤宇.中俄共同保障粮食安全的合作研究[J].俄罗斯东欧中亚研究，

2021（4）：100-115，165.

[76] 郭志奔.互联互通视角下的中俄农业合作：进展、障碍与对策[J].西伯利亚研究，2022（4）：33-45.

[77] 帕斯图霍娃，叶梅利亚诺娃，尼谢夫.俄罗斯远东农业：发展现状、问题与趋势[J].钟建平，译.西伯利亚研究，2022（4）：5-20.

[78] 高际香.俄罗斯远东开发战略评估：从"东向"到"东向北向联动"[J].俄罗斯研究，2022，12（1）：5-30.